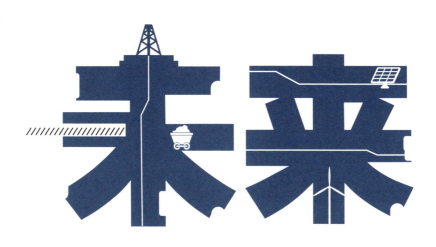

The Future of Energy

能源革命的战略机遇期

［美］杰森·辛克（Jason Schenker） 著

孙克乙 译

中国科学技术出版社

·北 京·

The Future of Energy: Technologies and Trends Driving Disruption by Jason Schenker

Copyright © 2019 by Prestige Professional Publishing, LLC

All rights reserved.

The Simplified Chinese translation rights arranged through Rightol Media（本书中文简体版权经由锐拓传媒取得 Email:copyright@rightol.com）

北京市版权局著作权合同登记 图字：01-2020-5292

图书在版编目（CIP）数据

未来能源：能源革命的战略机遇期 /（美）杰森·辛克著；孙克乙译 . —北京：中国科学技术出版社，2020.10

书名原文：The Future of Energy: Technologies and Trends Driving Disruption

ISBN 978-7-5046-8775-3

I.①未… II.①杰… ②孙… III.①能源发展—研究—世界 IV.① F416.2

中国版本图书馆 CIP 数据核字（2020）第 183425 号

策划编辑	田　睿　耿颖思	
责任编辑	陈　洁	
封面设计	马筱琨	
正文设计	锋尚设计	
责任校对	吕传新	
责任印制	李晓霖	

出　　版	中国科学技术出版社	
发　　行	中国科学技术出版社发行部	
地　　址	北京市海淀区中关村南大街 16 号	
邮　　编	100081	
发行电话	010-62173865	
传　　真	010-62173081	
网　　址	http://www.cspbooks.com.cn	

开　　本	880mm×1230mm　1/32	
字　　数	105 千字	
印　　张	6.25	
版　　次	2020 年 10 月第 1 版	
印　　次	2020 年 10 月第 1 次印刷	
印　　刷	北京盛通印刷股份有限公司	
书　　号	ISBN 978-7-5046-8775-3/F·902	
定　　价	69.00 元	

序
能源世界日新月异

这是一本讲述能源未来变化的书。能源是现代社会和经济中最关键的要素之一，也是一个正在经历变革的行业。能源领域正在发生诸多重大变化。

能源领域发生的颠覆性变化，本质上都属于根本性变化。这一切背后的动力包括不可阻挡的人口暴增、监管政策的强制力以及社会和投资者对可再生能源的日益关注。

能源供给源头在改变，能源结构也在改变。

技术进步也是能源变革的核心——在能源领域的每一个部门，技术都是核心。

然而，能源也饱受炒作之害，从人们对可再生能源和电动汽车的过高期望中，我们就可以看出这一点。但实际上，这些技术面临的障碍，正是物理和化学层面不可逾越的现实局限性。

因此，这些也可以说是物理学和材料科学所面临的障碍。

我曾经在不止一本书中强调，在如今这个充满颠覆性的时代，在任何一个行业，如果希望自己能够实现永续发展，事业繁荣昌盛，就必须反躬自省，从可行性角度出发，下定决心，转型成为一个以技术为核心的行业。

这条路也同样适用于能源行业。

我从事能源战略规划和能源价格预测已经有15年之久：从我担任瓦乔维亚（Wachovia）旗下投资银行的首席能源与大宗商品经济学家开始，到我进入麦肯锡咨询公司（Mckinsey），再到我在2009年创立属于自己的公司——Prestige Economics LLC（远望经济公司）。这一路走来，我在能源问题上领悟良多。但直到在2016年创立了未来主义学院（The Futurist Institute），我长期对能源问题的研究成果才开始受人关注。

这本书可以说是分享我个人在能源问题上的心得的一种尝试，也是在关于未来能源纷纷攘攘的争论中，探索某些最关键话题的一种尝试。

致　谢

我想感谢帮助本书成型的每一个人，尤其是奈费勒·帕特尔（Nawfal Patel），他完成了《未来能源》一书的制作工作。

我要格外感谢我的家人，他们一直支持我求学、工作、创业和著书。

我永远都要将最诚挚的谢意送给我亲爱的妻子——阿什莉·辛克（Ashley Schenker）、我伟大的父亲母亲——杰弗里·辛克（Jeffrey Schenker）与珍妮特·辛克（Janet Schenker）。

在本书编写过程中，我的家人们给予我心灵上的慰藉，他们通过无数种方式支持着我。

每当我创作一本书，都免不了影响到我的家庭生活。所以，我要对我的家人和所有在创作过程中帮助过我的人说一声：感谢你们！

最后，感谢您购买本书。

希望您能喜欢《未来能源》！

杰森·辛克

得克萨斯州，奥斯汀

2019年5月

导　论

　　"能源"二字，含义丰富。本书中的能源话题涵盖了原油及其炼制品（如柴油和汽油）、电力、煤炭、天然气以及可再生能源。同时，我们还将从运营角度，分析能源行业的商业形态。

　　从本质上来讲，"能源"一词可以粗略归结为各种形式的动力、交通燃料以及与之相关的商业贸易。

　　能源供需的重要地理节点一旦发生变化，或者能源混合消费结构一旦发生变动，都将影响到能源的未来。

　　此外，影响数据处理、数据运用以及数据货币化进程的各项技术，都将驱动能源的未来发展。同时，自动化也将启动生产运营、能源消费、分析方式以及跨部门职能的变革。

| 本书框架 |

　　为了更好地把握《未来能源》的核心要点，我将本书划分为七篇：

能源概览

变革实体市场

能源需求侧技术

能源供给侧数据技术

能源供给侧实体技术

清洁能源与可再生能源的发展趋势

梳理汇总

《未来能源》的第1篇为"能源概览"，我将在第1章点明本书的创作初衷以及能源价格飙升或猛降带来的影响。在第2章，我会给读者展示技术和能源的重要性。而这一章的精华，就在于它彰显了接受正规教育和虚心学习的意义。

在第2篇"变革实体市场"中，我将讨论全球石油市场和天然气市场的供需动态中正在发生哪些变化以及全球能源结构将要发生哪些变化。在第3章和第4章，我将分别讨论石油的供给前景和需求前景。而在第5章和第6章，我将分别讨论天然气的供给前景和需求前景。最后，我将在第7章从美国国内和国际两大视角对能源结构革新做出展望。

第3篇"能源需求侧技术"，将针对几项重要的技术展开讨论，因为它们有可能影响——或者说，业界普遍认为它们可能会影响能源需求动态。该篇从第8章的电动汽车谈起，并在

第9章将话题切换至电子商务。

此外，该篇也涉及未来几十年里，极有可能改变能源的另外两类因素。远程办公是能源需求上涨的一大阻碍，这是第10章的主题。而在第11章，我将讲述智慧电力、智能电表和智能电网会掀起怎样的变革。

第4篇将审视各种"能源供给侧数据技术"，如第12章涉及预测分析、机器学习、人工智能等一系列与数据相关的话题。而在第13章，我将阐述量子计算对能源供给侧市场的重要意义以及这项技术可能触发的错综复杂的变革。随后，在第14章，我将展示区块链技术在能源领域的无限潜能。

第5篇聚焦"能源供给侧实体技术"，重点关注几项重要新兴技术，它们的着力点不在油田、不在电塔，而在于办公室中进行的企业活动。第15章将展开讨论自动化技术，而第16章将介绍商用无人机。

第6篇聚焦"清洁能源与可再生能源的发展趋势"，纵览清洁能源和可再生能源的利好趋势以及它们在物理学和材料科学领域所遭遇的瓶颈。第17章将针对清洁能源、气候变化以及二氧化碳排放展开讨论。

随后的第18章至第22章，主题分别为风能、太阳能、水电及地热能、废弃物能源回收和氢燃料电池技术。在第23章，我将分析乙醇燃料和乙醇燃料汽车的发展现状。如今，在美国，乙醇燃料汽车已经占据了替代燃料汽车领域的绝对市场份额。最后，我将在第24章带领大家了解核电。

目前，清洁能源和可再生能源大多面临诸多局限，但这并不妨碍它们成为未来能源结构中的中坚力量。与此同时，可再生能源全盘替代化石能源的可能性依旧是微乎其微。

这既是第7章中讨论未来能源结构时所陈述过的话题，也是本书最后一篇——"梳理汇总"的核心。在这一篇，我将为本书做出最终结论。

在《未来能源》最后一篇，我整合了之前分散在全书各章的所有主题，从整体角度展望未来十年乃至更长远的岁月里能源领域即将经历的深刻变革。

能源是宏观经济增长的重要驱动力之一。对全球供应链而言，能源至关重要。未来十年内，这一领域必将日新月异，但这些变化很有可能会令人始料未及，其原因在于，一直以来我们过分关注了某些发展趋势，却对其他可能性视而未见。

本书的主题有二：引领读者踏足能源领域，带领读者领略未来主义思想。如果您对此颇感兴趣，便一定能够在这两大主题之中寻觅到更多值得探寻之处。

目　　录

第 3 篇　能源需求侧技术
ENERGY DEMAND-SIDE TECHNOLOGIES

第 4 篇　能源供给侧数据技术
ENERGY SUPPLY-SIDE DATA TECHNOLOGIES

第 5 篇　能源供给侧实体技术
ENERGY SUPPLY-SIDE PHYSICAL TECHNOLOGIES

第 6 篇　清洁能源与可再生能源的发展趋势
TRENDS IN CLEAN ENERGY AND RENEWABLES

第 7 篇　梳理汇总
PUTTING EVERYTHING TOGETHER

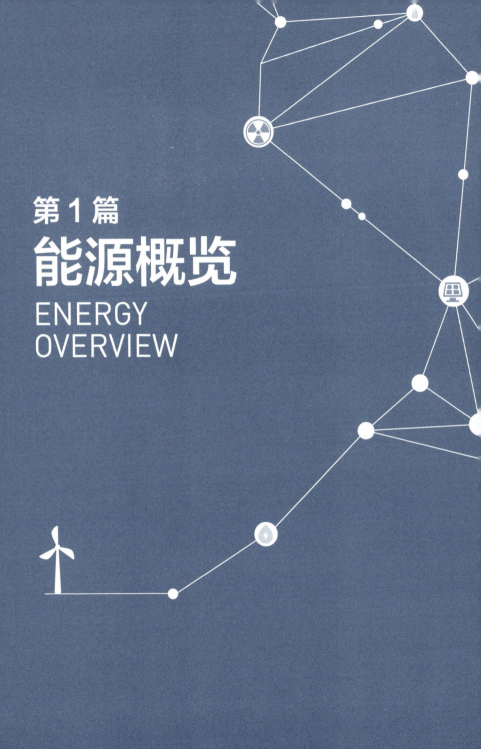

第 1 篇
能源概览
ENERGY
OVERVIEW

第 1 章

本书创作缘由

———

围绕能源的未来，各种争论、探讨众说纷纭，而本书正是一项强有力的说明。

能源，一直以来都是本人事业发展中的一项基础性研究课题。在我的职业生涯里，有相当一部分精力都奉献给了这项研究，并且横跨战术层面和战略层面。

我从事能源价格预测、行业趋势预测已有15年之久。而在本书中，我首次尝试将这两个方面的见解合二为一；面对能源未来的各种挑战、机遇、炒作与希冀，我将给出一份全面的预判。

15年前，即2004年初，我开始涉足能源领域，从某种程度上来讲，缘起偶然。当年的我还是一名初出茅庐的经济学家，供职于美国当时的第三大银行——瓦乔维亚银行（Wachovia）。后来，大衰退期间——金融危机爆发后，瓦乔维亚银行被富国银行（Wells Fargo）收购。

起步之初，我首先被分配到通货膨胀、工业问题、国际问题研究团队当中，而所有这些课题都有一个共同的交叉点——油价。

众所周知，2004年初，国际原油价格上涨，导致通货膨胀加剧。当时，全球经济已经从2001年的衰退当中显著复苏，进一步扩张性增长蓄势待发。而原油价格的飞速上涨，对通胀率构成了严重威胁。原油价格，恰恰位于通货膨胀、工业经济、国际经济的三者交界处。

在油气投资长期不足的大背景下，我当时建立的多项计量预测模型，印证了全球经济扩张中宏观经济基本面保持强劲、价格看涨的势头。

尽管当时我经验尚显不足，但瓦乔维亚银行的首席经济学家依然给了我很大发挥空间，允许我自由建立模型，预测原油价格。于是，我在2004年初就进行了大胆预测，预计西得克萨斯轻质（WTI，全称West Texas Intermediate）原油价格将于当年底之前，收于每桶50美元以上。此外，我还注意到了更多上行风险。

当时，这项预测饱受非议。主流媒体的记者们电话不断，尽是冷嘲热讽。

然而，2004年9月28日，美国西得克萨斯轻质原油价格果真首次超过每桶50美元。于是，就在第二天，我便获得了一项新头衔：瓦乔维亚银行首席能源经济学家。

以此为契机，我开启了长达15年的能源研究生涯，从石油、天然气到电力、可再生能源，我均有涉猎。预测原油价格取得成功后，我立即调整并扩大了瓦乔维亚银行有关能源及大宗商品市场的研究范围。得益于我在投资银行的职位，我有幸接触到油气、电力、风能甚至生物燃料相关的各种交易。有时，我还会协助开展针对此类能源交易的尽职调查。

截至2007年底，我离开银行业之时，从政策角度、宏观经济角度分析，油价一直是通胀压力的重要推手，也是美联储经济预测的关键指标。尽管油价在2008年中期到达顶峰，随后便开始下滑，但它在商业媒体眼里和金融市场讨论中的热度依然居高不下。伴随能源市场变化不断，全球宏观风险敞口依旧，原油在投资配置决策中的重要地位，甚至高过2004年以前。

作为投资者和政策制定者眼中的热点，油价以及任何与能源相关的指标，都将是经济论战的重中之重。此外，有关气候变化问题的讨论方兴未艾，这也从另一方面维持了能源问题的热度。

以上所述，仅仅揭示了能源在未来至关重要的部分原因。未来的能源变革，终将对公司、对工业乃至对整体经济产生重大影响。

所幸，我在银行业以及日后在咨询行业的从业经历，成功助我在能源世界登高望远。

在金融危机"山雨欲来风满楼"之际，我离开了银行业，加入麦肯锡咨询公司（McKinsey），就任风险专员一职，负责组建大宗商品交易部门，设计风险管理对冲战略，为能源贸易公司提供咨询建议。

在这个岗位上，我有幸能够为石油供应链上的诸多项目提供服务，这些项目涵盖供应链的所有环节，其中既包括上游石油、天然气的勘探与生产（exploration and production，E&P），也包括中游精炼、管道输送和公用业务。我还曾经为制造业、化工业和运输业的重要能源客户管理下游项目。

未来十年内，所有这些行业都将面临巨大挑战，而其中有些行业则更容易渡过难关。

本人于2009年创办了自己的公司——Prestige Economics LLC，并一直致力石油价格、天然气价格预测。凭借我对西得克萨斯轻质原油价格、布伦特原油价格和亨利港天然气价格的准确预判，我曾经荣登彭博社（Bloomberg）相关预测榜单的榜首。在此期间，我还取得了全球风险管理专业人士协会授予的能源风险专业^{TM}证书（Enegy Risk Professional^{TM}），并进一步深化了对各种能源形态、各种相关风险的企业性认知。

自从我入职瓦乔维亚银行以来，就一直从事能源价格预测和战略规划，但直至我创立了未来主义学院，我长期对能源问题的研究成果才开始受人关注。

我还创设、录播了一套题为"能源的未来"的课程，这门课也是本公司注册未来主义长期分析师^{TM}（Certified Futurist and Long-Term Analyst^{TM}，FLTA^{TM}）证书的一部分培训内容。

　　《未来能源》一书，与这门同名课程一样，旨在将我对市场、能源供应链和新兴技术的全部认知汇聚成一套综合性方法，预估未来十年乃至更加久远的能源领域。

　　在您深入学习能源市场、能源企业、能源机遇和能源局限的漫漫长路上，我衷心希望，本书能够成为您落脚的第一家驿站。

　　下面，就让我们开始这段学习之旅！

———

第 **2** 章

技术与能源

———

我曾经在不止一本书中强调，在如今这个充满颠覆性的时代，在任何一个行业，如果希望自己能够永续发展，事业繁荣昌盛，就必须反躬自省，从可行性角度出发，下定决心转型成为一个以技术为核心的行业。

技术，一直是企业获得成功的关键要素。

无论是石油工业，还是电脑软硬件制造业，无一例外，这条定律永远适用。

下面这则故事，能够帮助大家更好地理解这一观点。

2005年，我第一次参加石油输出国组织（简称"欧佩克"，英文简称OPEC）会议，如今我依然定期参加。时常出席会议，是对未来做出预测的关键一步。2016年11月，当我再次出席一场欧佩克会议时，我清晰地预测到了能源与技术的交叉点。

在那场会议中，欧佩克成员国与非欧佩克成员国达成共识，同意石油减产，以维持油价稳定。

但就在欧佩克成员们做出这项里程碑式的决策之前，令人意想不到的是，他们居然讨论起了欧佩克发布的新款手机应用软件。当时的情景就仿佛置身于《硅谷》[①]（*Silicon Valley*）的节目现场，大家都在讨论其应用程序的用户界面和用户体验功能。这个场景着实令人感到有些不可思议，毕竟这可是一场意义深远的会议。

图2-1由我拍摄于奥地利维也纳，画面记录了当时讨论

图 2-1 欧佩克手机应用发布[②]

---

① 《硅谷》（*Silicon Valley*），一部美国电视喜剧，其中经常出现应用程序研发的情节。——译者注

② 欧佩克及非欧佩克成员国之间的协作与技术。——原注

的现场。

每当我向大众汇报能源与技术问题时，我便经常展示出这张照片，尤其是当我向能源公司介绍技术时。这张照片常常引起听众强烈的共鸣，因为在常人的印象里，在能源领域中，石油输出国组织可并不善于高瞻远瞩。

毕竟，这家组织早已是"年过半百"。但是，即便大家认为欧佩克已垂垂老矣，而且是一家政府间组织，如今，在针对全球能源市场做出更加精准的分析方面，欧佩克依然取得了重大进展。更何况，此刻欧佩克走向了舞台中央——这一刻，它选择推出自己的手机应用，这也彰显出它对技术敞开怀抱的决心。

而且，这也为其他能源公司树立了榜样：不再忽略技术，方为明智之举。

毕竟，既然连欧佩克都肯花上几分钟时间，讨论自己的技术新发明，为此甚至不惜推迟宣布一项原本堪称历史上最重要的决策，那么各家私营能源公司也应当注意到——技术原来如此重要。

———

第 2 篇
变革实体市场
CHANGING
PHYSICAL
MARKETS

第 **3** 章

未来石油供给动态

———

　　未来，石油供给动态将发生变化，而且这种变化的前奏，极有可能就是近些年来我们目睹的这场"页岩革命"。

　　直至21世纪初叶晚期，原油几乎全部开采自垂直油井。这类油井以近乎垂直的角度钻至地下油藏（因而得名"垂直"），有些人也称之为"常规油井"。

　　然而，21世纪初叶晚期，石油钻探行业发生了一场巨大变革。此前，油价空前高涨，最终于2008年7月登顶，于是更多人转向从页岩区带开采石油。但是，这项工程需要一种新型油井：首先向下钻穿，随后水平钻穿，如图3-1所示。

　　与大多数常规油井相比，水平井的钻探过程对技术和精密度要求更高，同时需要水携带压裂砂形成水力压裂（hydraulic fracturing，英文也称fracking）。

　　水力压裂法得名于从页岩层抽取石油的物理过程。简言之，水力压裂法需要在储藏有油气的页岩层中开辟出有效的裂缝。

图 3-1　页岩油钻探 [1]

---

[1]　图片选自Adobe Stock。——原注

过去十年来，水力压裂法一直是支撑美国油气勘探生产的核心技术，但实际上，早在19世纪60年代，这项技术就已初见雏形——当然，直到20世纪40年代，现代水力压裂法才初次问世。而我们目前所运用的这套方法，到20世纪90年代才出现[1]。尽管这项技术历史悠久，但直到2005年至2010年油价空前走高之时，我们才开始将其投入大规模应用，这项技术也因此开始腾飞。

石油危机后，投资长期不足，伴随着一系列的连锁效应，21世纪初叶中期，全球经济空前增长，顺势将油价急剧抬高。油价攀高使得投资资金纷纷涌入油气行业。油价登顶，意味着随后即将开始下滑；而水平井钻探技术联合水力压裂技术，便是抵御这股趋势的新技术之一。

在大量后来被人们称为"非常规区带"的地区，这套技术都行之有效。请记住，在油气领域，"区带"一词指的是储藏有石油的区域。另外，虽然全球范围内潜藏着大量页岩

---

① Manfreda J. 著，《水力压裂法的真正身世》，Oilprice.com，2015年4月13日。——原注

区带，但储量最高的某些区带都分布在美国。其具体情况如
图3-2所示。

　　我之所以花费如此大的篇幅来阐述页岩油革命的基本概

图 3-2　美国页岩油产量（按区带划分）[2]

① 　mb/d，指百万桶/天。——译者注

② 　美国能源信息署，"致密油产量估算（按区带划分）"。数据来源：美国国家行政数据由德里
能源咨询股份有限公司（DrillingInfo股份有限公司）采集，美国能源信息署整理。所有数据
均截止到2019年3月，且代表美国能源信息署对致密油产量的官方估算，但并非调查数据。
括号中仅列出区带主体所在的州。——原注

念，原因就蕴含在这"革命"二字中：未来十年内，页岩油在
石油供给中会继续占有重要地位。

还有一点同样引人瞩目：相较于开采深海石油或者精炼加
拿大产的油砂，页岩油开采成本更低廉，因此在石油生产成
本上，页岩油占据的位置十分有利。两者的直观比较结果如
图3-3所示。

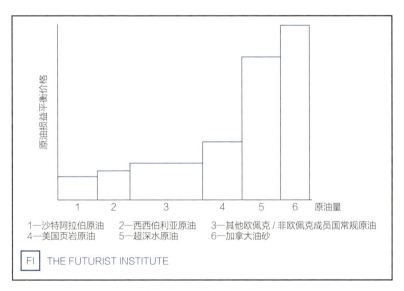

图 3-3　石油成本示意图

　　图3-3中展现了不同地区产出定量石油时所消耗的成本。全世界范围内，部分最廉价的石油产自某些欧佩克成员国以及俄罗斯的部分地区（在不考虑石油出口税的前提下）。

　　总而言之，正如在图3-3中所看到的那样，美国页岩油的开采成本在世界范围内既不是最低的，也不是最高的。这意味着如美国有些人所认为的那样，美国页岩油目前占据着"机动生产者"的地位。但我认为这种称呼并不准确，尤其是考虑到大型国有石油企业（National Oil Companies，NOCs）的石油产出量时——例如欧佩克成员国。毕竟，"机动生产者"这个词总会给人一种单独决策、单独行动的错觉。但是，美国的石油行业根本不是一家之天下，它是由不计其数的美国油气公司、投资公司和其他开采页岩油的混合型实体所组成的。

　　但从一点看来，"机动生产者"这种说法的确很准确：它暗示人们，美国的页岩油既可以选择增产，也可以选择减产，一切视石油价格和石油需求而定。鉴于页岩油储量相对充裕，而且钻探成本并非最高，页岩油将会成为原油边际增长的一大重要来源。

因此，如果你将"机动生产者"理解为在盈利水平上，供给原油边际增长的重要生产者，那么这个称呼也不无道理。

即使是在2019年，我仍然估计会有150万桶至200万桶页岩油作为附加产量涌入全球石油供给市场。而且未来十年里，每天依然会有百万桶量级的美国页岩油产出。

这便是未来石油供给即将发生的最重要变化之一：美国凭借自己对石油边际增长量的供给，已经在全球石油供应链中占据了重要位置。

数十年来，美国曾一直是本土出产原油的主要需求者，也曾一度是一个大型原油净进口国。关于这一点，我将在接下来的章节里展开讨论。

但是现在，美国俨然已经成了全球石油供应链的支柱。相对廉价的美国天然气和电力也激励了墨西哥湾沿岸石油精炼行业的增长。实际上，在2018年墨西哥湾沿岸地区甚至已经成为一个原油净出口实体，如图3-4所示。

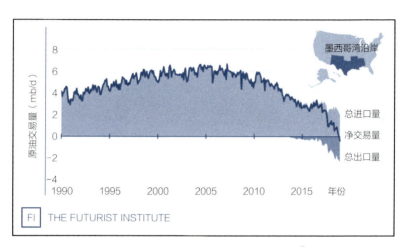

图 3-4　美国墨西哥湾沿岸每月原油交易量 ①

此外，未来十年内，美国将成为成品油的日益重要的出产国。

| 未来风险 |

在过去十五年里，页岩油生产堪称硕果累累，而且各大区带的油气开采量显著增长。然而，未来产量的增长依然面临着

---

① 美国能源信息署，"美国墨西哥湾沿岸已于2018年末成为原油净出口实体"，图为1990年1月至2018年12月美国墨西哥湾沿岸每月原油交易量。——原注

多重风险和限制。

其中最大的风险，便是页岩油生产会受制于业界周知的"产量急遽衰减曲线"。顾名思义，衰减曲线刻画的是油井或气井生产水平的下降。页岩油井的衰减曲线急遽下降，意味着这类水平井的油气产量将会迅速枯竭。通常而言，垂直井并不会发生这种情况，但页岩油生产则会面临这一问题。

下面请允许我略费笔墨，打一个比方。也许你听说过《豪门新人类》（*The Beverly Hillbillies*）这部美国喜剧。该剧剧情的开始，缘于剧中家族的族长在外出打猎时偶然发现了石油，而这份资产为整个家族带来了滚滚财富，让他们有资本搬进比弗利山庄（Beverly Hills）居住。

虽说这个故事本来就够荒诞离奇的了，但如果从页岩油的角度看，所有情节只会显得更像是天方夜谭。毕竟，页岩油的钻探过程可不是打偏区区一颗子弹那么简单，它需要高超的技术水准：先向地下几千英尺①深处垂直钻井，随后操控钻头，

---

① 1英尺约为30.48厘米。——译者注

拐一个90°的弯后再水平钻探，而所有这些完成后，才能开始水力压裂。

如果是垂直井钻探出的常规石油资产，其收入流往往十分持久，但对于页岩油井而言，情况却并非如此。受限于产量急遽衰减曲线，你必须钻而又钻，才能维持长久的收入流。

如果把《豪门新人类》的剧情套入后页岩革命时代，抛开比弗利山庄的地价不谈，最大的问题就在于页岩油井作为非常规石油资源，产量将会急速下降，因此必须一刻不停地提高钻井数量，才能保证总生产水平平稳不下降。

到达某一阶段后，页岩油便将面临上述问题。到那时，美国原油生产的现状、页岩区带数量的上限便会触及大数定律[①]。

简言之，随着已被开采的页岩油井数量越来越多，衰减曲线的恶性影响只会越发严重。到达某一节点后，油井过多，导致因产量衰减曲线而下降的原油产量再也无法弥补。未来五年里，这尚且不算是个大问题。但是十年过后，这个问题就无法

---

① 此处的大数定律与通常意义上概率论中的大数定律含义不同。商业中的大数定律指的是，随着商业规模的扩张，维持原有的增长速度将会越发困难。——译者注

控制了。

急遽衰减曲线同时会给未来生产带来另一道风险：页岩油井的产量到达顶峰，即钻探抵达所谓的产油层后，随着钻探继续深入，产量便会狂跌至更低水平，因此油井的收益性也会降低。

盈利能力萎缩的隐患，加上产量急遽下降曲线，二者联合，为美国页岩油供给的合理开采规模设定了一条上限。

到达某一程度后，美国原油生产会因此面临看跌风险。

但从全球角度观察，这份风险可能略有差异。你可能已经想到了这一点：页岩油气区带实际遍布全世界。

然而也可能存在这样一种风险：其他国家的页岩油产出是可能不如美国高，或者投资回报率（ROI）无法达到美国的水平。

美国的第一大优势在于，美国页岩油几乎成了主要终端市场。

美国夏季的驾车季节足以对全球油价造成影响，尽管近些年来美国的原油进口规模已经大幅下跌。

美国的第二点优势在于，美国的页岩油生产可以利用既有的基础设施。

尽管在页岩产业暴涨时期，美国的管线、炼油厂、铁路以及其他基础设施的使用有时是很有挑战性的问题，但最终依然会为页岩油气运输所用。

在美国之外，基础设施的匮乏将严重阻碍页岩油气的运输和盈利状况。没有基础设施跟进，这些资源就只能是一堆被困在地下的碳氢化合物。

多年以来，石油圈一直在讨论这样一个问题：欧洲大陆上也有寥寥几座钻塔正在开采页岩油和页岩气，但却收效甚微。

| 未来展望 |

未来十年里，美国在全球能源市场中将占据日益重要的支柱性位置，这得益于美国的炼油工业成本效益高，基础设施建设种类齐全，能够服务于页岩油资产，资本市场财力雄厚，而且本国的石油产品和原油出口水平也在逐步提高。

诚然，欧佩克成员国与非欧佩克成员国之间未来可能会继续在产油问题上保持合作，从全球整体石油供给和价格政策角度看，这种合作仍然十分关键；但是，美国本土的原油生产将会在原油定价方面优势更加突出。产自美国的页岩油很有可能会一直是原油大规模边际增长的最充足来源，这也进一步确保了美国在定价方面的优势。

回顾21世纪头20年，第一个十年是石油的十年，第二个十年是复苏的十年，而接下来的第三个十年，可能便是美国对全球能源供应链影响力空前巨大的十年。

原油产业如此，天然气产业很有可能也是如此。

第 **4** 章

未来石油需求动态

———

　　每当讨论起石油需求问题，大多数人都会联想起电动汽车——在他们眼里，这是石油需求增长的一大负面因素。然而，他们忽略了另一项关键因素：全球财富正在增长，随着新兴市场的中产阶级日益壮大，燃油车反而会越来越重要。

　　这同时意味着，石油需求的核心，将会从经济合作与发展组织成员国迁移至远东及其他新兴市场。

　　就像美国的页岩油生产会成为原油供给侧边际增长的一大地区性来源，从而改变石油供给动态；同样道理，新兴市场中产阶级的崛起，也会影响原油需求侧的边际增长。

　　因此，21世纪的第三个十年，不仅是美国原油生产、美国炼油产业在全球原油供应链上叱咤风云的十年，同样也会是中国、印度以及其他亚洲国家和地区在原油需求侧异军突起的十年。

　　读者需要注意的是，未来石油需求的增长会受到几大基本因素的驱动，而其中最重要的莫过于人口增长：到2050年，

全球人口增长将会超过20亿，而其中的前8亿增额会降生于从
今往后的十年。[①]表4-1中总结了世界银行对2050年以前人口
增长的预测。

地区	人口 / 百万人					
	2018 年	2020 年	2030 年	2040 年	2050 年	2018 年至 2050 年人口增长的数量
欧洲及中亚	918	922	929	927	920	2
最不发达国家	1,026	1,074	1,334	1,619	1,917	891
经济合作与发展组织成员国	1,307	1,319	1,367	1,397	1,413	106
全世界	7,611	7,770	8,516	9,172	9,734	2,123
FI THE FUTURIST INSTITUTE						

表4-1　全球人口增长预估[②]

　　不仅全球人口将出现大规模增长，未来十年间，人均实
际国内生产总值（GDP）也会同步大幅提高。图4-1列出
了由经济合作与发展组织（简称"经合组织"，英文缩写为

① 世界银行，"人口估算及预测"。——原注
② 世界银行，"人口估算及预测"。——原注

OECD）预测的，2017年至2040年各类国家和地区的人均
实际国内生产总值增长额。也就是说，人均国内生产总值的增
长不仅会影响到现在活着的每一个人，也会影响到从今天到
2040年新加入地球村的每一位村民。[1]

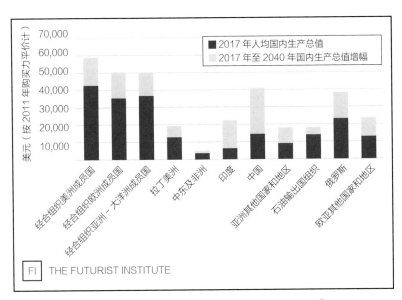

图 4-1　2017 年至 2040 年人均实际国内生产总值 [2]

---

[1]　世界银行，"人口估算及预测"。——原注

[2]　石油输出国组织，"世界石油展望2018"。全部来自欧佩克的数据及图片均已获得使用许可，
在此由衷感谢对方授权本书使用。——原注

　　将目光转向人均实际国内生产总值增长额，我们应当注意到，未来中国有可能会是增幅最大的国家，而印度紧随其后——排名第二，已经有大量经济学家和分析人士将21世纪称为"亚洲世纪"，而亚洲经济蓬勃发展、财富大量积累这一基本事实，将会极大拉动石油需求增长。

　　当然，亚洲并非石油需求的唯一增长源，石油输出国组织成员国、中东、非洲、拉丁美洲的国家和地区的作用同样不可忽视。然而，恰恰是经济合作与发展组织（经合组织）里的那些发达经济体，石油需求的增长量反而预计会下滑。事实上，欧佩克的数据和报告显示，2005年已经是经合组织原油需求增长的顶峰了。

　　另外，每年全球石油需求增长量的提速预计也将放缓。图4-2中展示了欧佩克对2023年以前石油需求增长的预测。最近几年里，年增长量的增速就已经显露出了减缓势头，更何况经合组织国家的石油需求量已经转为负增长。

　　尽管增速放缓，但在未来相当长的一段时间里，全球石油消耗量依然会保持增长，而且毫无疑问，运输用燃料将会是关

图 4-2　各地区石油需求增长量预测（2018 年至 2023 年）①

键增长点。如图4-3所示，根据欧佩克的分析，石油需求的增

长点将会覆盖多种石油产品，如轻质馏分油（如汽油）和中间

馏分油（如柴油）等。对这些产品的需求将会大幅增长，并且

持续至2023年。2017年的石油需求量约为9,700万桶/天，而

到2023年石油需求量大约将达到10,400万桶/天。

①　石油输出国组织，"世界石油展望2018"。——原注

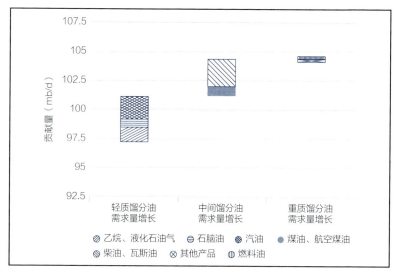

图 4-3　2017 年至 2023 年各类产品对全球石油需求增长的贡献 ①

　　有人可能会认为欧佩克只不过是在"自卖自夸"。在华尔街，分析师就会"自卖自夸"：他们会向交易商们做出利好预测，殊不知他们自己就是这笔交易幕后组织或幕后公司的一员。因此，有人会怀疑：因为欧佩克本身就生产原油，所以他

---

① 石油输出国组织，"世界石油展望2018"。——原注

们自然会让大家看到需求在上升——正因如此，我们应当保守看待他们的预测结果。

但是，我并不同意这种观点，因为从道理上就说不通。石油输出国组织的成员国与对冲基金团队或银行交易团队不同，他们手中并没有等待出手的交易头寸。从根本上讲，这些成员国和他们各自管辖的国有石油企业以及与他们有合作的私有石油企业所持有的都是多头头寸，因为原油就储藏在这些成员国自家后院。

如果说欧佩克对原油需求的预测偏高，在我看来，他们甚至还可以再看涨一些，因为在电动汽车普及率的问题上，欧佩克的预测甚至比美国能源信息署的预测还要高。

总而言之，不论欧佩克的这些预测数字是否准确，大趋势总归是正确的：这些预测都是根据经济基本面得出来的，其中包括全球经济增长、中产阶级财富增加以及随之而来的供应链需求提高。换言之，不论你是否希望看到这样的结果，未来的石油需求大体都会沿着这一方向发展。此外，欧佩克对石油需求增长的预测，也延续了新兴市场资产上升和石油需求量走高的既有趋势——他们既没有打破旧趋势，也没有开创新趋势。

如图4-4所示，该图展示了中国和美国原油总进口量的历史趋势。从2006年、2007年开始，美国的原油进口量就开始下跌；而如今中国的原油总进口量相较于2004年，几乎翻了两番。抛开原油总进口量，美国的原油净进口量甚至下滑更严

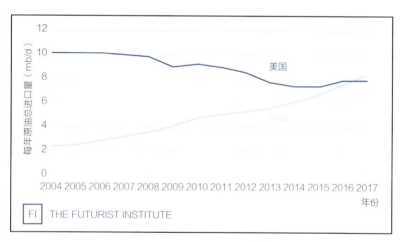

图4-4　年原油总进口量 [①]

[①] 美国能源信息署，"2017年中国超越美国，成为世界最大原油进口国"，2018年2月5日。
　　——原注

重，因为美国开始出口原油了——尤其是从墨西哥湾沿岸出口原油，这一点我在上一章已经提到。

在美国原油总进口量持续走低以及原油净进口量更是不断下跌的同时，中国的净进口量却在不断攀升。事实上，自从2012年以来，中国就一直是全球最大原油净进口国。放眼未来，中国的净进口量很有可能会越来越高，而美国只会越来越低。

从绝对需求量的角度讲，中国对原油的需求至关重要，因而中国经济状况在原油定价问题上的地位也越发关键。多年以来，我们持续追踪了多个国家制造业的采购经理人指数（Purchasing Managers Indices，PMIs），分析其对各国未来经济增长的影响。

然而，由于中国经济对于原油价格具有决定性影响，因此中国制造业作为本国经济的重要组成部分，其发展态势是观测油价坚挺抑或疲软的关键指标。2014年至2016年，全球原油价格暴跌。舆论普遍将矛头指向页岩油革命所导致的供给扩张。但是请注意，石油并不是当时唯一暴跌的大宗商品——几

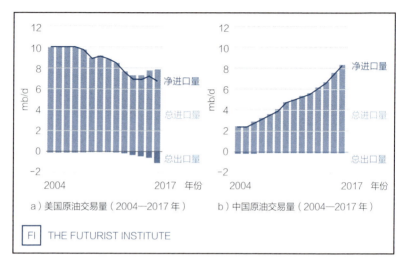

图 4-5　中美两国原油净进口量 [①]

乎所有的大宗商品全部都在下跌。

其他大宗商品的价格同样下跌，这总不能全部怪罪到页岩油头上吧！

油价连同其他大宗商品在中国的价格2014年末至2016

---

① 美国能源信息署，"2017年中国超越美国，成为世界最大原油进口国"，2018年2月5日。
　　——原注

年中之所以下跌如此严重，其实主要是受到了2014年12月至
2016年6月中国制造业萎缩的影响。如图4-6所示，以财新中
国制造业采购经理人指数为指标，展示出了具体的萎缩情况。
我个人认为，这一指标是每个月中国公布的所有数据中最值得

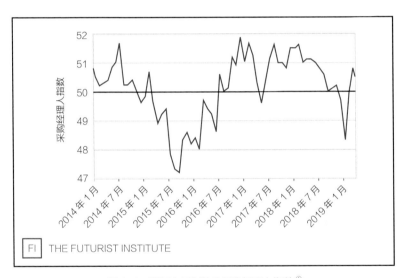

图 4-6　财新中国制造业采购经理人指数 [①]

_____

① 　数据来自埃信华迈和Econoday，Prestige Economics完成分析。——原注

关注的一项，而它的变动正是油价震荡的动力所在。

中国制造业经历的那场衰退，轻而易举地解释了钢材、锡材、铝材、橡胶、镍材、铜材、铅材、锌材、铁矿石和石油这些截然不同的大宗商品，为何会在2014年末至2016年中经历同一场价格暴跌，而且，财新采购经理人指数随后的反弹，也同样解释了上述大宗商品的价格为何会再次回升。而到了2018年、2019年，财新采购经理人指数又一次下滑。

这带给我们一则重要启示：在接下来的十年里，中国、印度和其他新兴市场的制造业数据以及经济增长数据，对油价的意义将越发重要。其道理就在于，既然新兴市场是原油需求边际增长不断爬升的根源，那么相关国家的经济数据就最有可能对油价产生影响。对于中国而言形势尤为如此，因为中国将继续保持全球最大原油总进口国和全球最大原油净进口国这两项的领头羊地位，而且总进口量和净进口量还会大规模上涨。而中国最重要的经济数据之一，便是这条由民营机构统计的"财新中国制造业采购经理指数"。

| 未来展望 |

过去十年里，中国一跃成为大型原油需求国。放眼未来，以中国和印度为代表的亚洲新兴市场（当然也包括其他新兴市场）人均实际国内生产总值的提高，将会扩大个人燃油需求和商用燃油需求，继而拉动原油需求快速增长。在未来十年里，亚洲在石油需求侧的地位，必将愈加重要。

此外，还有一些过去十年里已经发生了的转变，在接下来的十年里也很难再扭转，例如跨大西洋套利（transatlantic arbitrage）便是如此，如图4-7所示。跨大西洋套利是实体需求流在金融层面的表现。一直以来（2010年以前），西得克萨斯轻质原油对布伦特原油长期保持溢价。

在过去相当长的一段时间里，两者都维持着这样的价格关系。毕竟，美国过去一直持有全球最高的原油实体净空头头寸，因此西得克萨斯轻质原油价格需要高于布伦特原油，才能吸引品质相近的原油从别处流入美国（并同时承担运输成本），进而形成实体流。

跨大西洋套利的交易过程十分简单：从北海购买原油，装

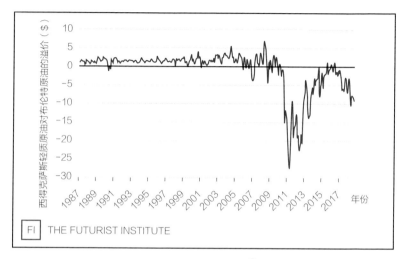

图 4-7　跨大西洋套利[1]

入油轮，再运往库欣地区（Cushing）卸货即可[2]。理论上来讲，抛开原油运输的繁琐程序以及可能引发的风险不谈，跨大西洋套利至少应当覆盖掉运输成本。

　　然而，过去十年里，美国原油进口量缩减、页岩油出口量

---

① 数据来自埃信华迈和Econoday，Prestige Economics完成分析。——原注

② 北海是布伦特原油的产地；库欣位于美国俄克拉何马州，是西得克萨斯轻质原油的交割地。——译者注

提升，美国曾经持有的净空头头寸也随之下降了。

此外，原油供给大量堆积于库欣地区[①]，而且西得克萨斯轻质原油期货合约采用实物交割，比采用现金交割的布伦特原油期货合约面临的风险更高。

正因如此，未来的日子里，相较于西得克萨斯轻质原油，交易商会继续偏爱布伦特原油，这将有利于套期保值和投机买卖。另外，单纯从实体流角度考虑，未来十年内，西得克萨斯轻质原油也会继续对布伦特原油保持折价。

总而言之，未来影响油价的因素不只有"新需求产生"和"原有需求提高"这两点。针对发生在两大基准原油之间的，也是原油市场最重要的套利机会，十年前开始改变这类交易的那些基本事实，未来十年里也将继续制约着这片市场。

------

① 美国页岩油产量飙升初期，将页岩油从生产区运送至炼油厂的基础设施建设不足，导致产出的原油大量堆积于库欣地区，库存升高使得西得克萨斯轻质原油价格下跌。——译者注

第 **5** 章

未来天然气
供给动态

———

　　自2009年起，美国一直是世界第一大天然气生产国。放眼未来十年，美国乃至全球天然气消费仍将继续保持增长。美国国内天然气市场受益于燃煤发电转型，这将会拉动本国天然气生产。此外，未来数年间，液化天然气的出口也会成为市场热点。

　　美国页岩气生产同页岩油一样具有划时代的意义，但页岩气对天然气供给的影响远比页岩油对原油市场的影响更加深刻——过去如此，未来仍将如此。将近十年前，曾经有一位从事天然气业务的乙方公司经理告诉我："页岩油最多算是'储量丰富'，页岩气才称得上是'遍地都有'。"

　　还有一位乙方交易部门的负责人，在分析天然气市场时，预计未来的天然气价格将会"永远低廉"。我个人认为，将来天然气价格会有上涨的那天，但是现在如此之低的价格毕竟也早已持续多年，因此，价格上涨还要等些时日。

页岩气即使不能说是"遍地都有"，但储量也极为丰富。
美国页岩油气区带分布如表5-1所示。尽管有许多区带已经投
入钻探，但正如我在第3章描述过的那样，依然还有大量页岩
气可供开采。

表 5-1　美国本土 48 州页岩区带 [①]

美国本土 48 州页岩区带	
勘定区带——最早期堆叠区带	蒙特雷（Monterey）
	蒙特雷 - 坦布勒（Monterey-Temblor）
	巴肯（Bakken）
	莫里（Mowry）
	曼宁峡谷（Manning Canyon）
	刘易斯（Lewis）
	皮尔（Pierre）
	阿勃 - 耶索（Abo-Yeso）
	伯恩斯普林（Bone Spring）
	斯普拉贝里（Spraberry）
	鹰福特（Eagle Ford）
	艾克塞罗（Excello）
	穆尔基（Mulky）
	巴奈特（Barnett）
	伍德福德（Woodford）
	海恩斯维尔 - 博西尔（Haynesville-Bossier）

① 美国能源信息署。——原注

续表

美国本土 48 州页岩区带	
勘定区带——最早期堆叠区带	费耶特维尔（Fayetteville）
	安特里姆（Antrim）
	康纳索加（Conasauga）
	尤蒂卡（Utica）
勘定区带——中层 / 中期堆叠区带	奈厄布拉勒（Niobrara）
	何摩萨（Hermosa）
	格洛列塔－耶索（Glorieta-Yeso）
	马塞勒斯（Marcellus）
勘定区带——浅层 / 最晚期堆叠区带	希利亚德－巴克斯特－曼科斯（Hilliard-Baxter-Mancos）
	曼科斯（Mancos）
	特拉华（Delaware）
	泥盆纪（俄亥俄）（Devonian（Ohio））
潜在区带	科迪（Cody）
	希思（Heath）
	本德（Bend）
	塔斯卡卢萨（Tuscaloosa）
	查塔努加（Chattanooga）
其他	圣华金盆地（San Joaquin Basin）
	圣玛丽亚－文图拉－洛杉矶盆地群（Santa Maria-Ventura-Los Angeles Basins）
	蒙大拿冲断带（Montana Thrust Belt）
	威利斯顿盆地（Williston Basin）
	比格霍恩盆地（Big Horn Basin）
	波德河盆地（Powder River Basin）
	斯里福克斯（Three Forks）
	大绿河盆地（Greater Green River Basin）

续表

美国本土 48 州页岩区带	
其他	尤因塔盆地（Uinta Basin）
	帕克盆地（Park Basin）
	丹佛盆地（Denver Basin）
	皮申斯盆地（Piceance Basin）
	帕拉多克斯盆地（Paradox Basin）
	雷顿盆地（Raton Basin）
	阿纳达科盆地（Anadarko Basin）
	帕洛杜罗盆地（Palo Duro Basin）
	二叠纪盆地（Permian Basin）
	西方海湾（Western Gulf）
	福里斯特城盆地（Forest City Basin）
	切罗基台地（Cherokee Platform）
	沃思堡盆地（Ft. Worth Basin）
	阿德摩尔盆地（Ardmore Basin）
	阿卡马盆地（Arkoma Basin）
	得克萨斯 - 路易斯安那 - 密西西比盐盆地（TX-LA-MS Salt Basin）
	密歇根盆地（Michigan Basin）
	伊利诺伊盆地（Illinois Basin）
	圣胡安盆地（San Juan Basin）
	黑沃里特盆地（Black Warrior Basin）
	弗洛伊德（Floyd）
	阿巴拉契亚盆地（Appalachian Basin）
	尼尔（Neal）

就目前情况来看，在更偏远区带，可供开采的部分页岩气正受运输问题困扰。天然气不同于石油，很难通过公路、铁路运输。正因如此，有一部分无法输出的天然气，其价格实际相当便宜，但配套基础设施建设却落后于燃气生产设施。但这一困境即将得到解决：实际就有一项天然气预测咨询重大计划，旨在解决这一难题，其目标客户正是亚洲的天然气用户，而且这些亚洲用户还有希望再成为美国液化天然气的买家。如果我们穿越到十年后，便能看到一个产销更加一体化的美国天然气市场，而页岩气在市场中的地位将会更加重要。

无法输出的这部分天然气着实非常可惜，尤其在马塞勒斯和尤提卡。这两大区带距离纽约、芝加哥等大都市中心很近，而每到冬天，这些城市的天然气需求量都会激增。不同的天然气交付地点的不同价格与亨利港价格基准之差，称为基差（basis differential）。

在美国纽约或芝加哥地区，每当严冬来临、暴雪纷飞之时，当地的天然气价格可能高达纽约商业交易所里亨利港天然气基准价的数倍。与此同时，另外那些距离纽约并不遥远的天然气，它们的价格可能只有基准价的几分之一。而这些基差都是由天然气市场的供需关系所决定的。

在大城市，气温下降导致天然气需求上涨，但天然气的供应能力是有限的，因此价格只能上涨。但与之同时，那些无法走出气田的天然气价格却很便宜，甚至可能因为卖不出去，就只好白白烧掉了。

在这一矛盾得到解决之前，矛盾可能还会更加严重。未来十年，美国天然气产量将会大幅上涨，对此，美国能源信息署的预测如图5-1所示。之所以会上涨，是因为不只有气井能够产气，油井也能产气——有石油的地方，常常就会伴生有天然气。

| 未来展望 |

随着时间推移，美国天然气市场目前存在的运输效率严重滞后的问题，将会被逐渐完善的管线网络所弥补。然而，要将每一片无法输出的天然气区带与每一座亟须天然气的城市相连

图 5-1　美国页岩气供给预测 [1]

接，恐怕要耗费数十年之久——哪怕只是将部分未运出的天然气通入管线网络，想要实现供需平衡，也要花费相当长的时间。甚至我们可能最终会发现，需求原来来自海外，而面对海外买家，我们只能以液化天然气这种液态形式实现出口。

---

[1]　美国能源信息署，"年度能源展望2019"，2019年1月24日。——原注

[2]　干气，指甲烷纯度极高的天然气。——译者注

未来十年里，我们即将经历更加复杂的变革。我们将建成更庞大的管道体系，让更多燃气资源"物尽其用"，并且出口更大量的天然气。未来十年里，美国每天的液化天然气出口量预计将攀升至大约200亿立方英尺[①]。这样一来，在未来的五年到十年，美国对天然气定价将有决定性影响。但是最近几年内，由于页岩气储量充足，美国天然气价格依然会被压低，尽管美国能源信息署的官方库存量并不大。

之所以说"储量充足"，是因为那些未完工的页岩气井也被计算在内。在贸易的世界里，每个人都知道供给是不会写进资产负债表的；但如果供给充足，基准价格依然会被压低。即便如此，当纽约、芝加哥的暴风雪降临时，天然气的现货价格就是生存的价格，是受需求推动的价格，而外界供给是无法撼动城市门站价格[②]的。

站在全球角度考虑，越来越多的天然气会注入市场，其中

---

① 1立方英尺约为0.0283立方米。——译者注

② 城市门站价格，指天然气输出后抵达城市当地时的销售价格，受地区、天气影响较大。——译者注

既包括本国增产，也包括液化石油气出口，出口国既包括澳大利亚和石油输出国组织成员国，也包括莫桑比克这样有着大量未开采气田的国家。

我们可用的天然气还充足得很！这也不妨看作是一件好事。放弃燃煤发电将会拉动对天然气的需求，因为在释放同等热量的前提下，燃气释放的二氧化碳仅为燃煤的一半左右。[①]正因如此，油气行业为天然气起了一个昵称，叫作"小清新"——虽然天然气同样不可再生，但比起煤炭来，它的排放环节可要"清新"多了。

———

---

① 美国能源信息署。——原注

第 **6** 章

未来天然气
需求动态

———

天然气需求将在未来十年猛烈上升。一方面，全球财富增长，电力需求扩张，抬高了原油消费预期；另一方面，碳排放的限制性政策又拉动了天然气的需求。

未来，美国不仅会成为供给原油及石油产品的"头号油仓"，更将跃升为天然气额外输出的"最大气罐"——不仅能满足国内消费，更将走向全球，尤其是走向亚洲。近年来，这片市场的天然气价格已经远远超过了美国甚至欧洲。

我将在下一章详细讨论能源结构变化，并在本书结尾讨论二氧化碳问题，但在本章，读者需要提前认清一点：尽管天然气燃烧排放的二氧化碳量只有煤炭的一半，但由于新兴市场在未来十年里会巨幅扩张，天然气全球总需求量也将大幅上升。因此如果考虑总体效应，实现全球性减排依旧困难重重。

我们预计，未来十年里中国将成为天然气需求边际增长的最大来源。如图6-1所示，从2020年到2030年，预测中国的需求量将会上升大约75,000亿立方英尺。与原油市场的情况相同，我们预计，在印度等亚洲新兴市场以及其他新兴市场，天然气消耗量也会显著上升。

图 6-1　全球天然气需求增长（2020 年至 2030 年）[1]

① 　Prestige Economics预测。——原注

为应对全球天然气需求量增长，美国出口的液化天然气可谓是这笔套利交易的可行之选、优良之选。如图6-2所示，2018年，与亨利港基准价相比，美国的天然气价差明显低于亚洲；更何况亨利港基准价本身也表现低迷，而在该港口不远

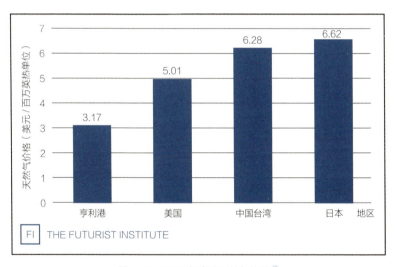

图6-2　2018年全球天然气均价 [1]

---

[1] 美国能源信息署。——原注

处，就分布着墨西哥湾沿岸已经建成和预计建成的多座天然气液化装置。

| 未来展望 |

全球天然气需求将大幅提高，美国也将成为液化天然气主要出口国。我们预测，经济发展连同政策导向型需求，将共同刺激全球燃气市场。电力是经济发展的根基，而天然气是最受青睐的发电燃料。

而这一幕已经在美国上演：如今，美国的发电用天然气需求量已经超过了煤炭。而未来十年，这一差距预计将进一步扩大。如图6-3所示，美国能源信息署也做出了相同的判断。

鉴于美国国内外天然气需求走高，多年来一度低迷的天然气价格也很有可能顺势"高歌猛进"。

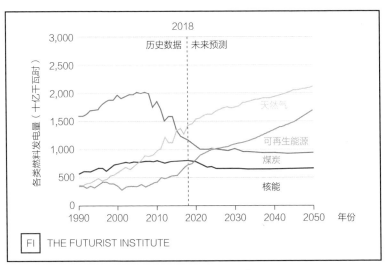

图 6-3 美国电力来源 ①

---

① 美国能源信息署,"年度能源展望2019",2019年1月24日。——原注

第**7**章

未来能源结构

———

经过前面几章的讨论，读者能够体会到，未来的能源结构正在不断调整，但具体的调整方式可能与你设想的大相径庭。实际上，未来十年里，石油需求和天然气需求会剧烈上涨，而中国、印度等亚洲新兴市场和其他新兴市场正是这场需求震动的"震源"。

与此同时，油气供给的边际增长主要来自美国，尽管此前它一直是主要的化石燃料净进口国。对经济、供应链乃至国家安全而言，这会是一场大洗牌。过去很长一段时间里，美国一直致力使油价保持高位——相对于国外。但如今，美国出口的原油、天然气和石油产品越来越多。

在亚洲经济全面发力的大环境下，出口增加非但不会降低美国的世界地位，反而会把美国送上一个更有利的位置——全球经济的上游关键点。

不仅化石燃料供需边际增长的来源正在调整，在各大经济体，抑制碳排放、促进清洁能源发展的需求，也在从政策层面上驱逐煤炭。

　　过去十年来，美国煤炭消耗量持续走低，天然气则持续走高。与此同时，核能比重相对平稳，而可再生能能源尤其是除水能之外的可再生能源消耗量正在上升（如图7-1所示）。如

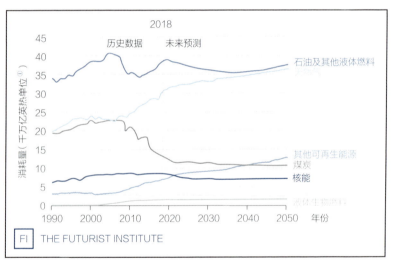

图 7-1　对不同燃料能源消耗量的预测 [②]

① 1千万亿英热单位约等于1055焦耳。——译者注

② 美国能源信息署，"年度能源展望2019"，2019年1月24日。——原注

果美国能源信息署的预测可信（我个人认为信息可信），那么这一趋势将延续至未来十年乃至更久。然而，凡事有所变，就一定有所不变。

读者应当注意到一点：不论美国能源结构尤其是电力结构如何改变，至少到2050年，石油仍然是能源消费的最主要形态，得出这一结论是有官方数据做支撑的。因此，虽然有关电动汽车的讨论沸沸扬扬，但我们必须记住：到目前为止，石油依然是能源展望的核心。而这一结论的事实基础是：除了石油这种液态烃类，没有第二种能源形态能同时在能量转化效率和运输便捷程度方面与之比肩。这也意味着，在美国乃至全世界范围内，未来的能源需求依然会保持混合式结构。

如图7-2、图7-3所示，石油输出国组织预计在未来十年乃至二十年内，石油、天然气和其他能源均将实现全球性增长。

新兴经济体不仅会刺激石油消费，还会促进其他能源的消费。而欧佩克的预测也与上述预测相吻合：全球范围内，各种形式的能源需求都将上涨。

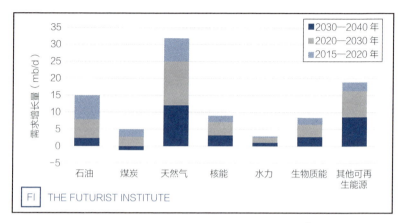

图 7-2　全球各类燃料不同时间段需求增长量 [①]

图 7-3　全球不同地区各类燃料需求增长量 [②]

[①] 石油输出国组织，"世界石油展望2018"。——原注

[②] 石油输出国组织，"世界石油展望2018"。——原注

当然，增长模式因地而异。

经合组织成员国身为财富领跑者，其最大转变在于从石油、煤炭转向天然气和可再生能源；而未来十年里，占据新兴经济体各类能源增长的最大份额的则是天然气、石油、可再生能源、煤炭，各种能源多多益善。

| 未来展望 |

未来十年，全球能源消费量将创下历史新高。每一年，各种能源的消耗量都会有新突破。而其中只有煤炭面临着有几年走低的风险，但那种情况也只是暂时的，因为新兴市场很可能亟须廉价电力，而如果不考虑温室气体排放这一负外部性，煤炭价格确实低廉。

美国乃至全球的能源消费结构革新正在全力冲刺，但也会受经济收入和优先发展事项左右；而政策规定和补贴扶持会调整优先发展的方向。这也就是为什么欧洲的可再生能源发展过去一路领先且未来也将继续独占鳌头的原因了。

未来十年里，美国各州中唯一有切实可能性实现零碳排的便是夏威夷州，因为当地拥有的地热、太阳能和风能蕴藏量是得天独厚的。这种优越性得益于当地地形，而这是其他任何一州所不能比的。

当然，许多人都希望自己能够生活在一个只依靠可再生能源的经济环境中，但在未来十年，这个愿望在多数地方都无法实现，因为实现的成本仍然过高，尚存在许多现实的局限性。

因此，在可预见的未来，能源消费会持续上涨，而且仍将以化石能源和可再生能源组合的方式上涨。

———

第 3 篇

能源需求侧技术

ENERGY DEMAND-SIDE TECHNOLOGIES

第**8**章

电动汽车

第 8 章
电动汽车

———

我们终于来到了全书中大家最期待的部分！有些读者甚至会很惊讶——这部分内容居然等到第8章才讲，而没有在前面七章展开。而我恰恰想借机给这一章的主题泼点儿冷水。

可能有人会好奇，为什么这本书的封面是黑绿混色[①]？这是因为未来的能源结构也是多元混合的。原油、天然气和煤炭依然会是能源结构的重点。尽管电动汽车发电过程中二氧化碳的平均排放量整体低于燃油车，但路上飞驰的电动汽车越多，对电力的需求量就越大，发电所消耗的化石燃料反而越多。

但有一点的确不容置疑：未来能源这张"大饼"里，最香的那一块一定是电动汽车。

但请读者不要曲解我的意思。诚然，电动汽车和其他任何一种形式的能源一样，未来的需求确实会大幅上涨。但是，"转眼

---

① 外版书封面为黑绿混色。——译者注

之间，化石燃料就会被淘汰"这种过度炒作，却也正大行其道。

我将这种现象命名为"蝗灾式炒作"。

这种现象屡见不鲜，而且愈演愈烈。某项技术一旦获得热度，就会受到媒体大众的大肆追捧。大家纷纷将这项技术的出现视为救星，坚信它一定能迅速形成规模。

他们以为，新技术问世并获得首肯的那一刻起，之前面临的问题就已经迎刃而解了。这种误解会掀起一股盲目追捧的浪潮，而这就是"蝗灾式炒作"。

一旦"蝗灾式炒作"兴起，金融市场便会受到冲击，私营公司的多轮投资和估值也会受到干扰，甚至连政治言论也会受其左右，导致政策脱离现实。上面这种针对技术的臆想受限于目的论①思维，认为技术就是一股"天赐神力"，只要技术存在，哪怕是世界级重大难关，也"命中注定"能够解决。

不幸的是，在电动汽车问题上，我们恰恰沉沦在这种幻想之中。

---

① 目的论，一种唯心主义哲学学说，认为自然界的一切事物都有其存在目的。——译者注

可惜，新技术"上马"，绝非是一朝一夕的事；问题最终解决，也绝非能一蹴而就。

为了向大家展现这场炒作的全貌，下面，我将展示两幅"电动汽车"一词在美国和全球范围内在谷歌上热搜趋势图。如图8-1所示，如今在美国，"电动汽车"一词的搜索量正在

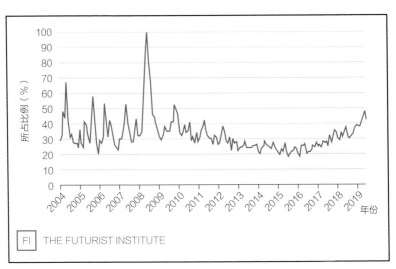

图 8-1　"电动汽车"美国谷歌热搜趋势图 [1]

---

[1] 美国谷歌热搜中出现的"电动汽车"一词的趋势。检索于2019年5月9日。——原注

走向十年以来的新高；如图8-2所示，在全世界范围内，该词的搜索量也正在逼近历史最高点。但这两幅图所蕴含的信息远不止这些。

在图8-1、图8-2中，你会发现，"电动汽车"一词的搜索量在2008年年中冲向历史最高点，而当时油价也突破了历

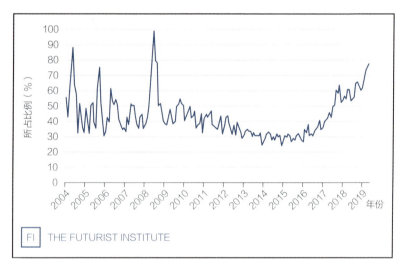

图 8-2　"电动汽车"全球谷歌热搜趋势图 ①

---

① 全球谷歌热搜中出现的"电动汽车"一词的趋势。检索于2019年5月9日。——原注

史新高。这样一来，一切就都说得通了。总体而言，电动汽车比传统燃料汽车更昂贵，因此用供应链和采购人员的行话讲，决定是否购买电动汽车，主要应当考虑它的"总体拥有成本"（total cost of ownership，TCO）。

当油价达到最高点时，电动汽车在总体拥有成本方面最具经济优势。相对传统汽车而言，电动汽车的投资回报率也最高；或者说，它与传统汽车的投资回报率也最具可比性。正因如此，原油价格飙升至历史最高点，刺痛了消费者的神经，促使大家纷纷青睐于电动汽车。

然而反观当下，美国油价正处于低点。

而欧洲的情况却截然相反：受制于燃油税政策，欧洲油价逐年走高，每加仑（1加仑＝3.79升，下同）价格甚至高达美国油价的二倍至四倍。除此之外，欧洲针对气候变暖问题也给予了相当大的政策倾斜，这又对电动汽车的爆红起到了推波助澜的作用。

美国的读者们请注意：在2019年，美国原油不仅与2008年时纵向相比价格更低，与其他国家横向相比价格同样更低。

这意味着欧洲市场会先于美国大力推广电动汽车。

2004年，我在担任美国第三大银行——瓦乔维亚银行的投资银行部门经济学家时，首次同时接触到了石油市场和汽车行业。2004年至2008年油价上涨，于是我开始在个人文章和演讲中多次提出：在美国车主转而选择电动汽车之前，他们会首先偏向于那些体积更小、热效率更高的汽车，偏向于那些装有轿车底盘而不是卡车底盘的运动型多功能车（SUV）。

从那时起，汽车市场便开始了渐进式的变革，车辆每加仑行驶英里①数也在上升。但在这段历史中，最值得我们记住的一点是：即使油价再高，市场变化也一定是逐步的、渐进式的。

除此之外，不可能存在第二种变革路径。

事实上，车市花费了超过十年时间才转变方向，而且消费者的行为习惯也要经过一段时间才能改变。

但不论如何，电动汽车数量将会增长，这一点毋庸置疑。而且那些油价登顶的地区会率先迎来电动汽车销售量的暴增。毕竟，决定是否要购买一辆电动汽车，首先要考虑的还是总体

---

① 1英里约为1.61千米。——译者注

拥有成本——也就是财务上的投资回报率。

的确，会有少数人受道德义务驱使，希望传递环保的外在价值①而选择购买电动汽车，但更多的个人以及公司团体在购车时，出发点依然还是"钱"。

图8-3和图8-4两幅图是两份对电动汽车普及程度的预测。其中，图8-3反映了美国能源信息署的预测结果。

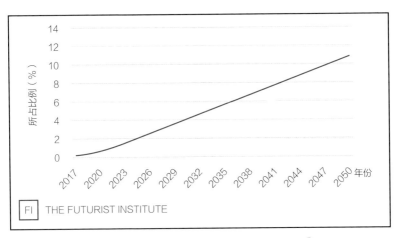

图 8-3　电动汽车占美国汽车全部库存的百分比②

---

① 外在价值，指事物本身并不具有而是外界赋予的价值。——译者注

② 美国能源信息署，"年度能源展望2019"，2019年1月24日。——原注

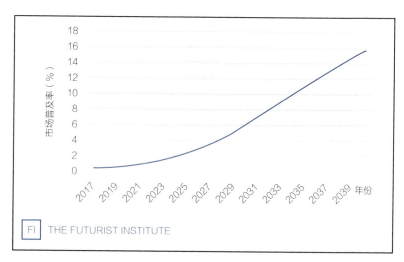

图 8-4　石油输出国组织对电动汽车份额的预测 [①]

　　如图所示，即使到了2050年，电动汽车也仅占到汽车总数（包括轿车和轻型卡车）的10.7%。

　　即使到了2050年，这一比重依然很低。按绝对数量计算，根据美国能源信息署的预计，2050年全美将拥有超过3,100万辆轻型电动汽车，而轻型车辆的总数则高达29,500万辆。

---

① 美国能源信息署，"年度能源展望2019"，2019年1月24日。——原注

第 8 章
电动汽车

石油输出国组织预计，截至2040年，全球轻型电动汽车普及率将达到15.3%[①]，远超美国能源信息署针对本国预测的7.4%。石油输出国组织的预测之所以更加乐观，部分原因在于欧洲。正如我在前文所述，欧洲燃油税很高，因此电动汽车更受欢迎。

随着电动汽车全球普及率的增速加快，可以预见，2050年到来时，全球电动汽车普及率应当介于20%～25%，而这一数字远超美国能源信息署对美国市场的预测。值得注意的是，根据欧佩克的预测，电动汽车的普及率增长较慢，但使用率却很高。

此外，据欧佩克组织预计，到2040年，全球商用车中电动汽车将仅占4%。

然而，尽管纯电动汽车普及相对缓慢，其他替代能源动力汽车——例如乙醇、生物燃料、天然气、丙烷、燃料电池和混合动力汽车等，也在逐步走向普及。

---

① 石油输出国组织，"世界石油展望2018"。——原注

可以确定的是，未来会有更多车主选择电动汽车，尤其是在新技术诞生促使车辆造价降低以后。但我们仍将面临一大难题：虽然电动汽车中大部分技术型设备都能依靠大规模量产和拨发额外研发经费而降价，但电池成本仍将是困扰汽车量产的最大症结之一。

假如某种商品供给有限，而其市场需求在全球范围内大幅增长，那么该商品的价格就不会下降。

这也部分解释了为何会有大量对冲基金公司急于维护电动汽车电池中关键化学元素的供应链，例如钴和锂。尽管在2018年，这些金属伴随其他金属经历了价格下跌的一幕，但它们的绝对价格依然位于高点。2018年，锂的全年平均价格甚至创下了历史新高。图8-5和图8-6分别展示了钴和锂的价格走势。

2015年，比尔·盖茨（Bill Gates）在一次访谈中甚至做出了这样的结论："我们需要一场能源奇迹。"①

---

①　"我们需要一场能源奇迹"，贝内特·J著，2015年11月刊登于《大西洋月刊》。——原注

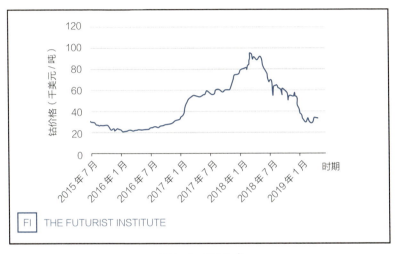

图8-5　钴价格 ①

　　为实现这一目标，盖茨成立了一项投资金额为10亿美元的"突破能源基金"（Breakthrough Energy Ventures），并且获得了包括杰夫·贝佐斯、理查德·布兰森（Richard Branson）、迈克尔·布隆伯格（Michael Bloomberg）和马

---

① 价格数据来自伦敦金属交易所和全球经济指标数据网，并由Prestige Economics分析整理。——原注

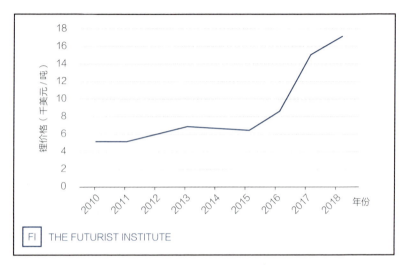

图 8-6　电池级碳酸锂价格 [1]

云（Jack Ma）在内的多位亿万富豪的支持和注资[2]。

　　我之所以在本章讨论电动汽车时着重强调这笔基金，是因为在电动汽车的普及进程中，钴和锂的供应量有限的问题已经成为实实在在的瓶颈。

---

[1]　价格数据来自统计家网站，并由Prestige Economics分析整理。——原注

[2]　"KoBold钴勘探项目获得比尔·盖茨支持的突破能源基金支援"，博伊尔·A著，2019年3月5日刊登于*GeekWire*。——原注

而钴宝得金属公司（KoBold Metals）正是荣获盖茨这笔基金支持的公司之一。这家公司致力"运用'机器勘探者'技术，在统计关联模型中，将前人未曾利用过的数据集与传统的地球化学、地球物理、地质学数据相结合，以勘测潜在矿藏"。[1]

换言之，在盖茨设计的投资组合中，存在着这样一家公司：它掘地三尺，只为搜寻更多钴矿藏——从而将能源奇迹变为现实。如今，钴矿可谓是万人觊觎。2018年，苹果公司力保能够从开采者手中直接获得钴。[2]

更何况苹果公司是生产手机和笔记本电脑的，而不是生产汽车的。

由此看来，如果连苹果公司都在担心自己用于生产手机、平板电脑和电脑电池的钴源是否充裕，那么我们就更有理由相信，特斯拉等汽车公司同样如坐针毡，因为钴的供应事关电动

---

[1] "KoBold钴勘探项目获得比尔·盖茨支持的突破能源基金支援"，博伊尔·A著，2019年3月5日刊登于*GeekWire*。——原注

[2] "苹果公司希望从开采者手中直接购买钴，原因为何"，赖辛格·D著，2018年2月21日刊登于《财富》。——原注

汽车未来成败。

当然，也有一些观点认为未来电动汽车电池成本会下降，但我们对此持怀疑态度。

此前，彭博社（Bloomberg）发表过一篇有关电动汽车电池成本的文章，文中数据引自彭博新能源财经（Bloomberg NEF），如图8-7所示。

图 8-7 美国中型电动汽车电池占汽车零售价格百分比 ①

---

① "电动汽车售价随电池成本同步下降"，布拉德·N著，《彭博·观点》。——原注

但正如我在本章前文中所强调，电池成本并不是依靠研发扩张、技术进步、规模化经营就能降价的。假如一件商品供给有限，而其市场需求在全球范围内仍大幅增长，那么它的价格就不会下降。

抛去电池的供给问题不谈，电动汽车减少二氧化碳排放的实际效益究竟如何也值得深思。尽管减排是电动汽车的美好愿景，但事实有时并非尽如人意。

早在2015年11月，比尔·盖茨就曾指出，大众忧心于二氧化碳的排放问题，便会自然而然地认为电动汽车能成为救星。他说：

"人们于是想着，'好吧，那我就买一辆电动汽车'。但也同时存在着这样一种可能：驾驶电动汽车排放的二氧化碳反而更多。因为比起燃油汽车，电动汽车配套电力设施的排放量更高。"[1]

虽然大家针对这一问题争论不休，但据美国能源信息署的

---

[1] 贝内特·J。——原注

调查数据表明，电动汽车确实比传统汽车碳排放量更低；不仅从美国全国角度看是如此，所有50个州也都是一样。图8-8展示了美国全国的平均情况。

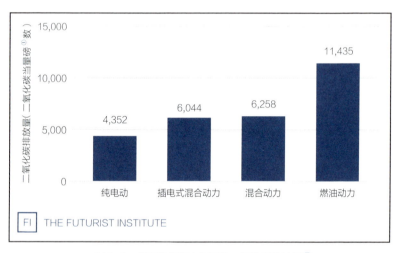

图 8-8　美国单辆汽车年平均二氧化碳排放量[2]

①　1磅约为0.45千克。——译者注

②　美国能源信息署。——原注

第 **8** 章
电动汽车

| 未来展望 |

未来，在运输以及能源领域，电动汽车将占有重要地位。但在未来十年乃至更长一段时期内，相较于燃油汽车，电动汽车依然份额较低。

出现这种情况未免有些扫兴，但这一判断有着经济学、物理学和化学方面的事实依据。目前，在这片星球上，液态烃类依然是最廉价、最高效、最易转送的能源形态。而消费者在决定购买哪种汽车时，经济效益依然是他们首要考虑的因素。

从根本上来讲，现在石油价格还很低，根本不足以逼迫车市主体转向电动汽车。而且，即使有一天油价飙高，电池问题也会限制电动汽车的普及。

我们所在的地球大约有三分之二的面积被水覆盖，而石油远不及水资源这般充裕，生产电动汽车电池所需的金属储量更是稀缺。

电动汽车是有关未来能源的讨论中最热门的话题，但我们也不能因此无视经济现状和实际局限。如果没有电池技术的飞跃和（或）奇迹般地发掘高储量、廉价的锂钴矿藏，在将来可见的一段时间内，电动汽车的推广乃至全市场的普及依然会举步维艰。

———

第**9**章

电子商务

———

自助服务革命如火如荼。

这场革命名为"电子商务"。

而这场革命带来的主要影响之一，就是对能源产生额外需求。

在我们讨论能源的未来时，有这样一个话题：它可能比电动汽车更加重要，却被人忽视——这就是电子商务。

这场技术变革非但不会提高燃油利用效率、降低石油用量，反而会带来相反的效应。

电子商务正在大规模成长，它是幕后供应链中的一大增长点。而且它的成长受基本消费需求推动，而消费需求永远充满活力；尤其是在美国，美国经济中将近70%的部分都靠消费支撑。

过去，美国的供应链不是为单件商品准备的，而是为多种商品服务的：各种商品流入各家零售点，每个人走进这些零售商店，购买多种商品。比起顾客在网上任意预定自己需要的商品，商家再花上一整天时间将货物交至顾客手中，原有的供给模式在各个方面都高效得多。这也正是为什么电子商务会在未来十年里，在不知不觉中大规模地拉高能源需求的缘故。

　　读过上一章后，大家如何看待电动汽车的未来，可能众说纷纭；但"电子商务未来将继续蓬勃发展"这一观点，鲜有争议。

　　如图9-1所示，2000年时，美国电子商务年零售额仅有

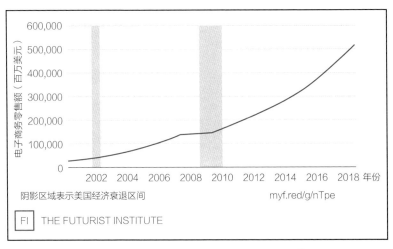

图 9-1　美国电子商务年零售额（按美元计）①

---

① 电子商务零售额，援引自美国圣路易斯联邦储备银行联邦储备经济数据。数据来源：美国人口普查局。——原注

270亿美元；而到了2018年，这一数字已经高达5,130亿美元。而且这一增长趋势毫无终止的迹象，更无放缓的可能。

进一步讲，这一现象并不是简单的通货膨胀，因为在同一时间段内，电子商务所占比例也在增长。2000年第一季度，电子商务在全美零售额中占比不到1%；而到了2018年第四季度，这一比例已经接近10%。如图9-2所示，列出了全部季度

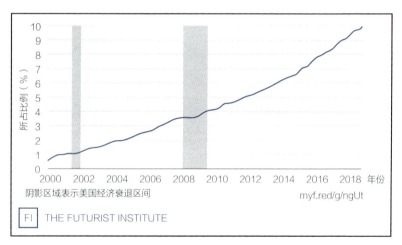

图 9-2　美国电子商务零售额占零售总额百分比 ①

----

① 电子商务零售额占总销售额百分比，援引自美国圣路易斯联邦储备银行联邦储备经济数据。
数据来源：美国人口普查局。——原注

数据，从中我们可以看到一条稳步增长的趋势线。

随着电子商务零售额绝对数值持续增长，占总量比例也持续增长，能源需求也将同步增长。

我们Prestige Economics LLC预计，未来十年内，电子商务占零售额比例将会继续提升。到2030年，这一比例将达到25%左右。这一增幅十分显著，将对美国的供应链造成巨大压力，并大规模提升市场对货物运输以及定制配送的需求。

美国车辆行驶里程数恰恰反映了这一趋势。如图9-3所示，2018年，车辆行驶里程数突破3.2兆英里，创下历史新高。我们预计，随着电子商务规模进一步扩大，未来车辆行驶里程数还将继续上升。其增幅尤其会发生在食品、杂货配送过程，而这正是电子销售商们此前一直难以攻克的领域。这些电商们只有高效地利用大数据，才能缓解运输和燃料需求的飞速增长。

| 未来展望 |
电子商务的崛起以及随之而来的燃料需求提升，并不仅仅

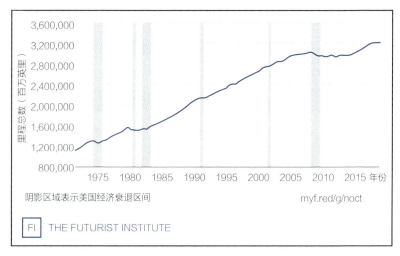

图 9-3　美国车辆行驶里程总数 [①]

是一国之内的现象或者风险。在全世界范围内，电子商务过去一直在扩张，未来也一直会大规模扩张。其他国家的供应链和美国一样，过去都没有为单件商品销售做足准备。

如图9-4所示，2018年，电子商务占全球零售额的11.9%。

---

① 车辆行驶里程数，援引自美国圣路易斯联邦储备银行联邦储备经济数据。数据来源：美国联邦公路管理局。——原注

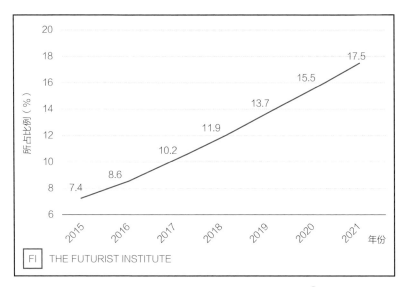

图 9-4 电子商务零售额占全球零售总额百分比 [①]

据统计家网站预计，到2021年，这一比例将上升至17.5%。
而美国Prestige Economics LLC预计，再到2030年，这一
比例将逼近25%。此外，即使电商能够尽可能高效率地利用
大数据，电子商务的增长依然会大幅拉动全球运输燃料需求。

---

① 统计家网站。——原注

第 **10** 章

远程办公

———

电子商务带动了未来十年内的能源需求，而远程办公的普及则有可能限制这一需求的增长；在某些地区，它甚至可能会降低客运燃料的需求。

简单来说，远程办公就是居家办公。

从能源角度分析，如果你无须离家上班，就不必驾车通勤，你的住宅和办公室也就不必两地同时开动空调、制冷或制热。

如图10-1所示，从2005年至2015年，远程办公在各种通勤方式中涨幅最大。而这一涨势早在2005年就已经初露端倪，这正是我的另一本书《机器人的工作："敌托邦"还是"乌托邦"》（*Jobs for Robots: Between Robocalypse and Robotopia*）的主题之一。

远程办公背后的价值主张十分简洁明了。

远程办公不仅能节约雇员的时间，更能降低雇主的成本。既然雇员们不必亲临办公现场，雇主们便再也无须为商用办公

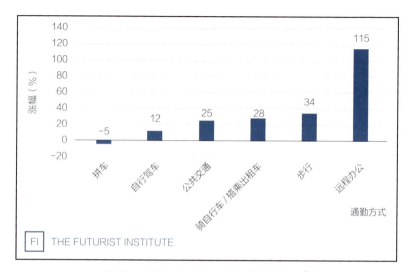

图10-1 2005年至2015年通勤方式涨幅 ①

空间和停车位支付费用。

　　不仅如此，远程办公中的雇员也更加可靠。以我们公司为例，2009年公司成立以来，在Prestige Economics LLC工作过的每个人都已经开始远程办公了。我们没有办公室，因为我们不需要。我唯一的要求就是员工准时、准确地完成各项任务。

---

① FlexJobs（译者注：这是美国一家致力于远程办公工作和专业兼职工作的信息网站），
　"2017年美国员工远程办公状况"。——原注

第 **10** 章
远程办公

| 未来展望 |

　　未来十年里，远程办公将继续普及。对于发达国家而言尤为如此：只要降低驾车上班、驾车外勤的人员数量，发达国家就能轻而易举地实现环保目标。此外，如图10-2所示，远程办公人员中具有学士及研究生学历的所占比例比非远程办公人

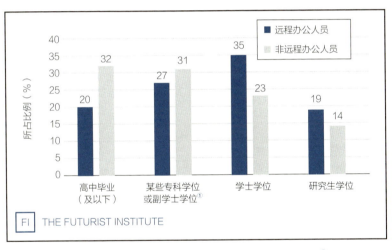

图 10-2　远程办公人员和非远程办公人员受教育程度 [2]

---

①　副学士学位（associate's degree），美国学位之一，学制为两年到三年。——译者注

②　FlexJobs，"2017年美国员工远程办公状况"。——原注

员更高。也就是说，只要我们的经济模式持续朝向更加注重智力资本的方向转型，就会涌现出更多远程办公的机会。当然，这一趋势并不能遏制全球人口上涨、新兴市场财富扩张导致的能源和燃料需求增长。但是，远程办公的确会在下一个十年里茁壮成长。

———

第 **11** 章

智慧电力

———

在电力领域，最大的挑战就是如何以最高效率运行可支配的电力资产。这涉及多重因素，但其中最重要的还是供给对需求的响应。总体来说，电力需求分为两种：其一，峰荷需量，即昼间非睡眠时间内人群作业所消耗的电量；其二，峰外需量，即夜间睡眠时间内人群消耗的少量电量。

在过去相当长的一段时间里，电力公司和用户之间只存在单向联系：电力公司负责供电，为此不得不绞尽脑汁，提前估算用电负荷。但近些年来，许多家庭纷纷安装了智能电表，这项举措堪称过去十年里电力输送领域发生的最深刻的变革。智能电表的本质就是向电网和供电商反馈信息，从而帮助他们优化电力调度、供电服务以及电力资产配置。

根据美国能源信息署的统计，"截至2016年年底，美国发电公司已经安装了约7,100万部高级计量基础设施（Advanced Metering Infrastructure，AMI）智能电表，覆盖了美国

15,000万电力用户中的47%"。[1]图11-1中展示了其中的增长过程,列举了到2016年为止美国电力用户中安装智能电表的百分比。截至2016年,几乎有50%的用户安装了智能电表。图11-2列举了到2016年为止美国安装智能电表的用户总数。截至2016年,已有超过7,000万用户安装了智能电表。

智能电表安装件数(2011 年至 2016 年)
用电性质总占比

图 11-1 美国安装智能电表用户所占百分比 [2]

---

[1] 美国能源信息署,"美国已有近半数电力用户安装智能电表",2017年12月6日。——原注
[2] 美国能源信息署,"美国已有近半数电力用户安装智能电表",2017年12月6日。——原注

图 11-2　美国安装智能电表用户 [1]

　　智能电表的意义在于能够实现双向反馈，连通用户和供应商。这类电表利用"实时或近实时电力数据" [2]，不仅能反映需求量、显示实时电价，还能报告停电情况。

　　在全球范围内，智能电表同样也在扩大投放量。以欧盟

---

① 美国能源信息署，"美国已有近半数电力用户安装智能电表"，2017年12月6日。——原注

② 美国能源信息署，"美国已有近半数电力用户安装智能电表"，2017年12月6日。——原注

为例，成员国致力"在2020年到来时，投放近20,000万部智能电表和4,500万部智能燃气表，（届时）欧洲预计会有将近72%的电力用户和40%的燃气用户使用智能电表"。[①]

| 未来展望 |

智能电表凭借其附加价值，未来将在越来越多的国家和地区投入使用。它有助于创造数据，来提高效率、增强可靠性、降低成本、减少浪费，并且帮助电力供应商在制定决策时更加有据可依，最终实现公司目标、环保目标和其他目标。

———

① 欧洲联盟，"欧盟智能仪表部署"。——原注

第 4 篇
能源供给侧
数据技术
ENERGY SUPPLY-
SIDE DATA
TECHNOLOGIES

第 12 章

利用数据
解锁价值

———

数据中蕴藏着巨大的价值，但前提是你懂得如何去解锁这些价值。

这正是我的另一本书《数据迷雾》(*Fog of Data, Prestige Professional Publishing*) 的主题。

在本书第9章和第11章，我也曾提到，数据具有重要意义。如你所见，在电子商务领域统筹客户需求的过程中，数据将扮演重要角色。它能以最优方式配送个人订单，助力电子商务零售额百分比在十年之后再翻一番。

不仅如此，在智能电网中，数据也对优化电力调度意义重大。由此观之，数据也可以说为提高能源效率拓展了另一种可能。

数据不仅能够帮助电子商务实现发展愿景，也能将智能电表的优势发挥到最大。除此以外，数据还有望帮助能源供应链上的公司优化运营模式。

　　数据收集、分析与运用能以多种不同方式发挥价值。首先是预测分析，其核心思想是通过收集大量数据发现趋势，从而利用趋势指导我们对未来行为做出预测。这对电力实时调度很关键，对配送中心配发电商订单也很关键。

　　从本质上讲，预测分析和数据领域的大部分工作一样，其基础是统计分析。预测分析的重中之重，是收集的数据必须服务于你真正想要追寻的问题。还有一点同样重要：数据收集、清洗和准备过程要前后一致而且稳定。我已经在几本书中详细介绍过分析流程，因此在这里，我仅通过图12-1进行简要阐述。

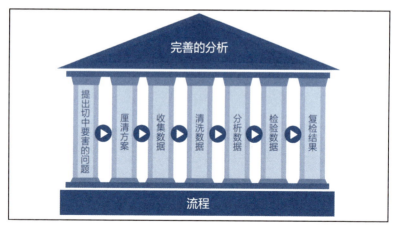

图12-1　数据处理流程

无论是进行预测分析，还是编写机器学习算法，都要遵循数据分析流程。机器学习是解锁数据价值的第二分支，值得我们探讨。

如果说预测分析是预测与统计，那么机器学习就是利用数据总结规律。最简单的模式便是条件语句和布尔语句相互叠加，构成嵌套式的条件语句。

举个例子：如果我既喜欢甜甜圈，也喜欢羊角面包，那么一个机器学习算法便会推断"我应该喜欢羊角圈"，也就是两种面包的结合体。这是一个简化过的例子，但我们能够从中提炼出条件语句的模式：

如果甜甜圈=喜欢，并且羊角面包=喜欢，那么羊角圈=推荐。

正如前文所述，如果这套模式能够发现规律，那就能被称作是一套算法。算法的基础是对大量面板数据进行特定的统计分析。向我推荐羊角圈是如此，钻探石油和天然气也是一样——只需寻找规律，发现钻出优质油井所必需的先决条件都有哪些。

此外，机器学习依靠实体机器也能完成，不必拘泥于分析数据才能得出统计意义上有可能的结论或者做出可靠的推荐。从这一层面上讲，机器学习也是有限的硬件自动化的一种形式。

虽然现在人们喜欢抛出"机器学习""人工智能"这些新词，但距离真正的人工智能（Artificial Intelligence，AI），我们还有一段路要走。下一章里我会详细讨论这项技术。尽管目前人工智能水平有限，但在未来，通过预测分析（作出预测）和机器学习（运用统计学和编程总结规律、作出预测），大数据集会被更广泛地应用于挖掘某些事物的潜在效应。而且，人工智能和量子计算（或者至少是仿真量子计算）的应用也会更加广泛，让人工智能在人类指导和输入不断减少的情况下，依然能够独立发现规律。

| 未来展望 |

和其他行业一样，从事能源行业的公司——无论涉足石油、可再生能源还是电动汽车——都需要找到优化经营活动、实现自动化的方法。只有通过分析数据，公司才能提高运营效率，通过总结规律、实现业务自动化，才能更加迅速地处理业务。

　　只有通过分析数据，而且是大量数据，能源公司才能增强生产力和盈利能力。如果一家能源公司能将数据分析得更加深入，那么他们的能源就会为更多人服务，他们的钻探效率就会更高，运营成本也会更低，他们也就能够改善电池技术——很多人将能源的未来寄希望于电池技术。

———

第 13 章

量子计算

———

2018年，我写了一本书，题目叫作《量子：计算新贵》（*Quantum: Computing Nouveau, Prestige Professional Publishing*）。书中讨论了量子计算这一新型计算技术的特征。未来十年内，量子计算有望取得长足发展。与当下普通计算机使用的常规位（即二进制位）不同，量子计算机使用的是量子位（quantum bit，qubit）。

相较于二进制位，量子位的处理能力更强，其中的原理略显复杂，但简单来说，量子位可以以三种状态存在，而不仅仅是两种。此外，在解决数据集较大的问题时，量子位最能够大显神威：它能完成概率性、非确定性计算，从而针对某些极其古怪而复杂的问题给出最大似然解。

能源正是我在那本书中探讨的、量子计算的六大潜在应用场景之一，其他五个分别是金融、政府管理、医疗保健、交通物流及农业。

如图13-1所示，我评估了量子计算在能源领域中的潜在影响以及实施潜力。

我们可以发现，量子计算最具价值的应用场景是风险交易与风险对冲以及能源套利交易，而这与具体的能源种类无关。这种交易价值主张背后的原因在于市场数据极为庞大，尽管目前已有算法可用于分析和优化能源交易及套期保值，但人们依

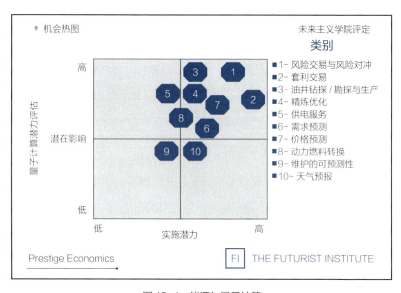

图13-1　能源与量子计算

然希望能够出现一套更有效、更高效、更准确的模型。

换言之，量子计算可能就是那个更加优秀的解决方案。

石油精炼是能源需求预测和价格预测可能出现业务交叉的行业之一，而应用量子计算能够优化精炼业务。长期以来，该行业运行的一直是线性规划模型，但量子计算可能运算更快，得到的解更有价值并略微优化。而在电力领域，供电服务优化和动力燃料转换（从煤、燃气到可再生能源）大致就等同于石油领域中的精炼优化。

此外，在大宗商品价格预测、需求预测和天气预测等方面，量子计算展现出了与在油气领域相类似的交易价值主张。以上几点要素都会显著影响公司的业务及盈利，而且所需要的输入信息来自规模相当庞大的数据集。

在油气领域，量子计算还有一处潜在价值极高的应用场景——分析地震数据以勘探油气井。地震数据集规模庞大，而在上好的岩石之中发掘出上等的油气井正是每一名油气开采者的梦想，也是每一家石油巨头乃至国有石油企业的梦想。

最后一个值得关注的油气业务是预测性维护。这一领域可能不如燃料转换、套利交易或油气勘探那样引人瞩目，但依靠量子计算，能源设施能够获得更加有效的预测性维护，这将为企业带来巨大价值。尽管量子计算应用于预测性维护，带来的影响可能不如前文讨论过的那些领域一样深远，但这种应用依然带来希望。

| 未来展望 |

量子计算最终一定会在能源领域举足轻重，但在未来十年内，这一技术的影响力仍将十分有限。这主要受制于量子技术缓慢的发展进程，与之相关的物理学和材料科学水平尚且有限，尤其是传统的量子计算机，它的结构活像是一只蒸汽朋克风格的吊灯，装在液氦冷却单元里，温度接近绝对零度，以限制计算过程中发生的量子退相干现象。

但是，即使这些物理学和材料科学方面的限制可能会阻碍传统的通用量子计算机彻底实现商业用途，但这并不妨碍量子计算在未来十年里，在各种应用场景中大踏步发展。

诚然，完全通用的量子计算能力有助于彻底实现人工智能。即使量子计算在接下来的十年里无法完全实现，仿真的量子计算也足以提升运算处理能力。而且，即使量子技术发展缓慢，它也足以撼动现有的网络安全规划和规定，这样加密技术才能存活到量子计算时代。更何况无论有没有量子技术加持，人工智能都会更上一层楼，唯一的区别就是需要的处理器种类和数量多少。

无论是石油、天然气、电力、可再生能源还是其他清洁能源技术，有了更强大的计算能力做支撑，相关公司和经济体便能更加充分地利用能源，从而在未来的十年里将效率提升至最高，让能源为更多人服务。

第14章

区块链

第 ⑭ 章
区块链

———

区块链是技术圈中最富有时代思潮特质的热词之一。为此，我创作了《区块链的前景》(*The Promise of Blockchain, Prestige Professional Publishing*)一书，为相关讨论抛砖引玉。

最近加密货币炒得火热，但这并不是区块链的全貌。虽然区块链是加密货币的底层技术，但它的应用远不止于此。

从本质上讲，区块链技术是一种多方验证系统，一种会计数据库，也是一种永久记录。

在区块链中，多方共享一份分布式交易记录——分类账本，这份账本是永久的。在多方可信网络中，这样的分布式记录对于那些需要备案的业务至关重要，例如实体货物的来源追溯和目的地追踪、展示当地成分的使用量。国际石油企业在国外开展业务时，或者在国有石油企业的指导下开展业务时，常常会面临当地成分要求[①]。

———

① 当地成分要求，指根据进口国要求，商品的某些规定部分必须在进口国国内生产。——译者注

让我们再次总结一下：区块链是一种会计数据库，一种备案系统。区块链允许多方接入，并且需要特殊权限。

身为一名未来学家，我坚信技术发展必须置身于历史语境之中。而区块链只不过是众多崭新的数据库备案技术中的一种。

而且极有可能，区块链也不会是该类技术中的最后一种。

就目前而言，区块链技术充满希望：它分散式地储存信息和知识，能够降低成本、提高经济价值。当年，亚历山大图书馆的馆藏资料全部被付之一炬，而区块链技术能够防止类似的灾难在公司、政府和个体身上重演。

对于石油和天然气而言，和其他大宗商品交易一样，区块链在提高交易透明度方面具有显著优势。我明白，这听上去的确有点好笑——如此一门应用于加密货币交易匿名化、去信任化的技术，居然也会是供应链完全透明化的基石。但事实确实如此。

也许现在你会更加清楚，区块链作为一项技术，为什么具有重大企业价值主张。公司时刻处于失败的风口浪尖，而区块链技术能够将信息共享在分散式网络中，从而降低公司面临的风险。但它并不能将风险消除为零，因为公司在采用区块链后，被攻击面也会同时扩大，而这正是网络安全的核心议题。

如图14-1所示，未来主义学院评估了区块链在运输业和

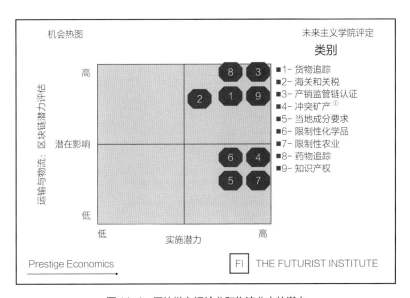

图 14-1 区块链在运输业和物流业中的潜力

① 冲突矿产，指产自刚果民主共和国等地区非政府军事团体或非军事派别所控制的冲突地区的矿区生产的金属矿物，其采矿利润涉嫌侵犯人身安全、破坏环境、资助非法活动。——译者注

物流业中的潜力。鉴于能源行业属于实体交易，需要货物实体流通，这张图因而很有价值。

在运输、物流行业，区块链最具潜力的九大应用场景分别为：

- 货物追踪
- 海关和关税
- 产销监管链认证
- 冲突矿产
- 当地成分要求
- 限制性化学品
- 限制性农业
- 药物追踪
- 知识产权

| 未来展望 |

区块链在能源供应链上具有如此众多的潜在应用场景，其未来的普及和应用程度将会非常广泛。我想再次强调，这一切都源自区块链在备案记录方面的价值，包括展示当地成分、加强产销监管链认证、提供更易于审计的记录。

虽然区块链技术在石油行业大有用武之地，但依然有一个领域，让能源行业对区块链敬而远之，那就是加密货币交易。

加密货币的热潮貌似能给人带来巨大利润，但它也引发了历史上最大规模的金融泡沫。同时，某些邪恶的市场参与者和政治歹徒也在操纵加密货币，企图借此操纵选举、参与恐怖活动、洗钱，为非作歹。

尽管如此，如果数字支付系统能够公司化，并被纳入银行监管体系之中，这对于能源行业而言，未尝不是一件好事，但前提是它能加快企业对企业甚至银行对银行的交易支付进程。能够满足这一需要的加密货币会受到石油行业的热烈欢迎——其他所有行业也将如此。未来我们将见证有更多的行业接受加密货币。

不过，任何一种电子支付系统或准加密货币都很有可能与某种特定货币挂钩，也很有可能会受到严格监管。如此一来，这些货币在其应用场景中便处于完全公开的状态——它们的风险也就降到了最低。

对于油气行业而言，快速支付处理备受青睐。因为有些公司会经常在新兴市场开展业务，而当地的银行金融系统或许不太可靠——或者说，相较于机制健全的经合组织经济体，这些公司在新兴市场的支付、结算速度较慢，会因此蒙受损失。

正因于此，未来十年间，在一个清明、合法、合规的市场环境里，更加快捷的跨境数字支付渠道会备受重视。而基于区块链技术的电子支付系统能够加速货币流通、缩短支付期限，同时不增加任何风险，因而会越来越受欢迎。同样地，多方认证、数据库以及备案区块链记账方式也将深入普及。

———

第5篇

能源供给侧
实体技术

ENERGY SUPPLY-
SIDE PHYSICAL
TECHNOLOGIES

第 **15** 章

自动化

第 **15** 章
自动化

———

　　未来十年里，能源领域发生的最大变革之一便是自动化。你会发现自动化遍布整个能源行业——在钻塔上，在油田间，在发电厂里，在清洁能源的研发场所中。

　　自动化将会变得无处不在，但这并不意味着它会挤掉所有工作。事实绝非如此！

　　理解自动化的最好方式，是将它看作任务委派的更高阶段。自动化能够为个人和组织支撑起一根杠杆，以同样甚至更少的人力完成更多工作。从本质上讲，自动化就是生产力的一根杠杆。

　　各行各业都在推行自动化，而在机器人、聊天机器人、软件脚本和其他各种自动化产品的市场中，都少不了能源行业的身影。自动化技术最有优势、最具价值的地方，就在于它能完成那些人们不愿意去做的、周而复始的、一成不变的、危险的工作。而各大公司都需要尽可能多地发掘能够完成这些工作的方式。

这一任务之所以如此重要，原因就在于劳动力正在趋向老龄化。另外，如今美国的失业率较低，人才争夺相当激烈，这将改变美国的能源公司、技术公司乃至其他任何行业的公司的运行模式。

而在经合组织的其他国家，人口结构变化情况比美国更加严重。欧洲人的平均年龄比美国人高十岁；经合组织其他成员国的出生率明显低于美国。

综上所述，选择自动化理所当然。

为了利用自动化完成那些危险、恼人、重复性的工作，你投入的每一分钱，都能解放工人的劳动时间，提高生产率。在计算这笔支出的投资回报率时，你需要将节约出的时间价值与自动化成本相比较。

自动化分为值得我们讨论的两大阶段。这两个阶段恰恰符合我常引用的未来主义框架：近在咫尺或者来日方长。

"近在咫尺"的自动化：例如自动驾驶汽车在油井区域协助运送设备。

"来日方长"的自动化：例如在石油钻探过程中，类人机器人在井下下套管。所谓"来日方长"，就是说我们离真正的机器人钻工登场的那天还很遥远。

在下一章，我将深入阐述本人对于未来十年能源实物操作及自动化的一些预测。当然，其中许多概念都和实物操作相关，包括在偏远或危险地区维护管道、利用自动驾驶汽车运送实物设备。

但是，在能源行业大显身手的自动化进程远不止这些。读者应当明白，办公室里那些千篇一律、循环往复的工作也可以实现自动化，尤其是那些中台和后台业务。在初始阶段，自动化会和人工同时运行，以提高人力资本；但经过一段时间后，你会看到更全面的自动化。

| 未来展望 |

自动化会以你能想到的所有形式走进能源世界。原因在于，在任何一家公司，缩减成本都是提高利润的必要步骤。所以，为了让效益最大化，公司不仅会采用技术扩充编制、提高生产力，还会推行自动化以控制生产成本和采购成本。除此之外，考虑到某些和能源相关的工作具有一定危险性，因此公司会推进自动化以加强安全保障，同时也能降低保险费用。

有一点可以肯定：未来，能源公司的本质必须是技术公司。而自动化是任务委派的更高阶段，技术公司会重点关注自动化。因此，能源公司也将在未来十年里推广自动化。

———

第16章

商用无人机

———

本书付梓之时，很多人还以为无人机只不过是个供人娱乐的玩具，甚至是个华而不实的摆设，逢年过节都能在博克斯通①买到，被当作礼物送给别人。

但是，未来能够服务于能源供应链的无人机，可不是那种12英寸②宽、带着一只数码相机满天飞，等到下次你去欧洲度假时、跟在你后面时刻录像、供你发布在照片墙（Instagram③）和色拉布（Snapchat④）上、帮助你"流芳百世"的无人机。

不可否认，上面这类无人机的使用量会不断增长。

但是，那种无人机无法深刻变革能源行业。能够影响经济

---

① 博克斯通（Brookstone），美国零售商，特色是销售一些设计新颖的小众产品。——译者注

② 1英寸约为2.54厘米。——译者注

③ Instagram，一款照片分享的应用程序。——译者注

④ Snapchat，照片分享平台。——译者注

的无人机更接近于军用无人机：它经过改装后，拥有双重用途，能够向偏远地区运送工业设备。这种无人机在监控油气资产、维修、补给、支援偏远地区油气业务方面具有重要价值。

这种工业运输无人机能给那些在偏僻地区开展油气业务的公司带来巨大价值。它们能够顺着管道、钻探设备、炼油厂组件和其他大型设备飞抵那些路网不发达甚至不存在的边远地区。

这种无人机能够协助人类完成各类油气建设工程、发电厂建设乃至其余各种能源相关设施的建设。不同于从前先搭建结构，再逐个逐件地运至极偏远地区，最后进行组装，如今依靠那些翼展5米、10米甚至更大的无人机，这些零部件可以直接运输至目的地，最终不依靠人工，也能完成组装、维修甚至更换工作。

而且这已经不只是幻想了。我接触过的一些公司已经开始积极探索此类方法，以辅助它们的油气钻探业务。在那些油气工业蓬勃发展、道路交通却跟不上步伐的地区，基础设施问题尤为严重，而无人机则能克服这些困难。正如电影《回到未来》（*Back to the Future*）中那句台词说的那样："我们要去的地方，不需要道路。"

而且，能源行业里的无人机可不只是在空中飞翔。

在油气行业，自动驾驶的无人机会同时在水下、路上畅行。在那些环境险恶的地方，自然风险、安全风险或者绑架赎金风险很高，而无人机能够越来越深入地支持这些地区的业务。

水下无人机已经处于研制部署阶段。在欧洲北海和美国墨西哥湾沿岸，海底管道已经铺设好，自动驾驶的海底无人机可以首先着手于这些区域。

轮式汽车也在跃跃欲试。毕竟，陆上自动驾驶汽车已经达到了最简可行产品[1]阶段。所以我们有充分理由相信，仓库型自动驾驶汽车或机器人（这里指的是R2-D2那种轮上载箱式机器人，而非C-3PO那种类人型机器人[2]）即将在炼油厂、油气田一类环境部分可控的地区登陆，支援公司业务。

---

[1] 最简可行产品，英文名称minimum viable product，指在产品最终成型前，商家推出的有部分机能但足以行使其核心功能的产品。——译者注

[2] R2-D2、C-3PO均为《星球大战》系列电影中登场的机器人。——译者注

| 未来展望 |

在未来十年里，无人机和其他各种自动驾驶汽车在能源行业的作用将会越发重要。但同供应链中已经出现过的那些颠覆性技术一样，无人机也将面临一系列挑战。其中最严峻的挑战之一，就是无人机系统有可能被外界侵入，此外相关法规也可能会禁止无人机被应用于工业、零售业运输的"最后一英里"。到时道路和天空都挤满了无人机，无人机随处可寻，这一风险将会尤为突出。

空中无人机和海底无人机能够代替人类进入那些曾经格外偏僻的地区、资产和市场，从而大幅延伸全球能源供应链的触及范围。这也同时意味着，在整条能源供应链中，自动化将成为生产力的关键杠杆。此外，自动驾驶汽车也能够为提高安全系数、增强运营可靠性助一臂之力。

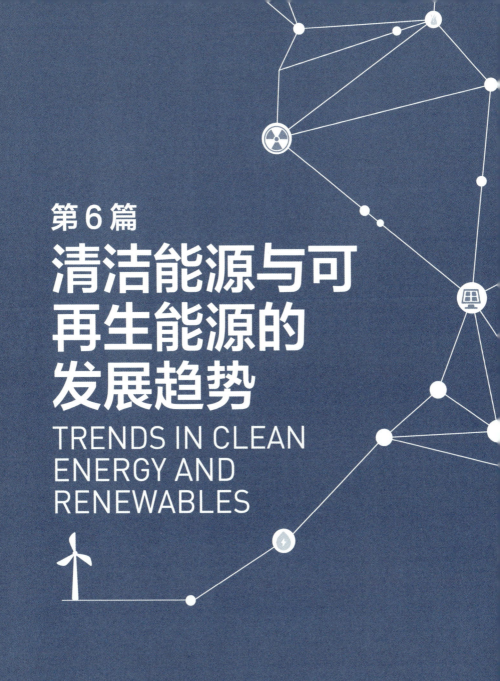

第6篇

清洁能源与可再生能源的发展趋势

TRENDS IN CLEAN ENERGY AND RENEWABLES

第**17**章

清洁能源

———

正如对电动汽车电池抱有期许，很多人都寄希望于可再生能源。但不同于将电动汽车吹捧为能源未来"皇冠上的明珠"，人们对于可再生能源的态度要现实得多。人们很清楚，大多数可再生能源的希望究竟有多高，而其中能实现的部分又有多少。

人们会继续努力发展清洁能源，尤其是在气候变化问题越来越受到重视的大背景下。就在创作本书的此时此刻，"气候变化"一词在美国的网络搜索量已经达到了历史新高，在世界范围内的搜索量也接近了历史最高纪录。两者的变化分别如图17-1和图17-2所示。

然而，尽管气候变化问题备受关注、广为讨论，但可再生能源依然面临着多重局限。

化石燃料普遍价格低廉，燃烧效率高，这已经是不争的事实。因此，只要天然气和煤炭保持绝对低价——而现在正是绝

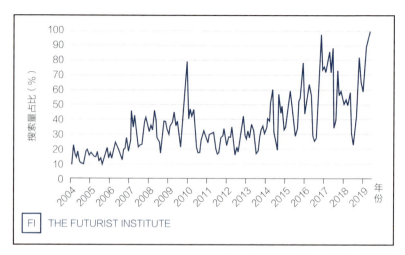

图 17-1　美国网络针对"气候变化"的搜索量所占比例 [1]

对低价，就很难让全世界停止二氧化碳排放，转而使用清洁
能源。

　　而且，如果考虑到经济乘数效应，情况就更是如此，因为
能源并不是一件奢侈品，人们只需要购买一次，就能借此挤入

---

[1]　美国谷歌热搜中出现的"气候变化"一词搜索量占比趋势。检索于2019年5月9日。——原注

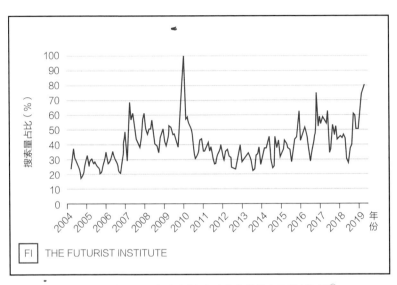

图 17-2　全世界网络针对"气候变化"的搜索量所占比例[1]

中产阶级。无论哪一种能源，都是经济中的基本要素，是经济增长的驱动力。而能源供应不足，正是衡量全球贫困的关键标准之一。

　　假设各经济体和商团决心淘汰化石燃料，那么燃料税就会

---

①　全世界谷歌热搜中出现的"气候变化"一词搜索量占比趋势。检索于2019年5月9日。——原注

上涨，对可再生能源的补贴力度也必须加大。但是，由于能源会引发经济乘数效应，因此在上述过程中，某些经济增长点就会随之消失。而且，在西欧之外的欧盟国家中，这套行动所要求的政治决心可能会超出政治家们所能接受的限度，因为他们制定的碳排放税和燃油税已经很高，目的是敦促国民采取行动降低欧盟的二氧化碳排放量。

| 未来展望 |

刨除其他所有因素，即使我们只考虑交通燃油价格，想要通过这一点改变美国的能源结构，也需要抱定极强的政治决心。毕竟，现在美国的燃料价格比欧洲便宜了50%～75%。想知道鼓励可再生能源和绿色能源需要下定多大的政治决心吗？那你可以将美国的燃油税提高试试看。

请大家注意，我不是在怂恿政府提高燃油税，所以请不要发邮件攻击我。我只是想告诉大家，巨大的改变是要付出巨大的代价的。经济学家将大众消耗能源时对环境造成的破坏称为"负外部性"。我想，大多数人自然而然都能明白，政治家们和选民们都不希望为这种负外部性付出真金白银的代价。

　　减排行动还将面临另一大挑战，那就是即使经合组织成员国削减了本国的碳排放，在未来数年里，全球范围内的排放量依旧会增加，原因是全球能源需求正在增加。如图17-3所

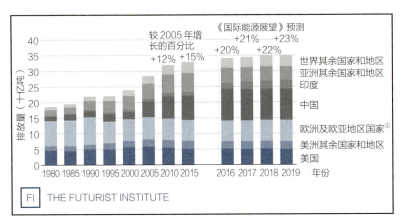

图17-3　1980年至2019年全球能源消耗导致的二氧化碳排放量[2]

① 此处的欧亚地区国家，指亚美尼亚、阿塞拜疆、白俄罗斯、格鲁吉亚、哈萨克斯坦、吉尔吉斯斯坦、摩尔多瓦、俄罗斯、塔吉克斯坦、土库曼斯坦、乌克兰、乌兹别克斯坦等12国。——译者注

② 美国能源信息署，"美国能源消耗导致的二氧化碳排放量将在2018年小幅上升、在2019年保持平稳"。——原注

示，美国能源信息署预计2019年[1]碳排放量将会持续上涨。

　　虽然近几年来二氧化碳排放量增长速度有所减缓，但仍在上涨。此外，全球能源需求量的提高对于减排而言也是一个世界性的挑战。这意味着未来十年里，无论经合组织成员国有多强的政治决心、付出多少努力，都不足以大幅度削减全球每年的二氧化碳排放量。

———

[1] 　原版书2019年出版。——译者注

第 **18** 章

风能

———

风能作为一种储量庞大的可再生能源，其开发利用的潜力同样巨大。从美国得克萨斯州到德国再到中欧，各地皆是如此——风能已经成为当地能源结构的重要组成部分。

然而，风能也面临着一些问题。

这归咎于风的属性：风力最强的时间是在晚上，而夜晚恰恰是峰外供电时段。也就是说，你接收风电的时候，恰恰是你最不需要电的时候。这与太阳能发电截然相反：太阳能发电的峰值在白天，与输电规划正相匹配，因为白天也是峰荷供电时段。

换言之，在你最需要电的时候，太阳能发电就能供你所需。

但是，太阳能和风能有一点相同：在某些地区，太阳能稳定而有规律，但在其他地方则无法保证这一点。

图18-1是我绘制的一张电力成本曲线简图。你会注意到

一点：有时风电输送的价格为负值。在夜晚会出现这种情况，电力市场将这种现象称为"风向逆动"，得克萨斯州的电力市场已经受困于此许多年了。

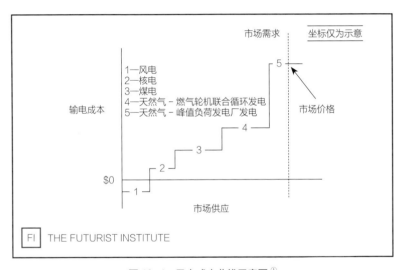

图 18-1　风电成本曲线示意图 [1]

---

① Prestige Economics分析。——原注

由于风力发电有补助，发电商并不在意夜间电价为负值。毕竟只要有补助，风电电价低于零也能盈利。然而，更大的问题在于电网整体。因为电力是按照边际价格输送的，因此夜间风电价格为负会导致电网中的全部电力价格为负。

而电力市场中风电价格为负，会威胁到发电基本负荷的运转，最终燃煤电厂不得不停产，因为它们领不到补贴，不可能按低于零的电价彻夜送电。

这影响了得克萨斯州电力可靠性委员会（Electric Reliability Council of Texas，ERCOT）的燃煤发电厂，而该委员会几乎可以算是得克萨斯州的电力中心。这也加速了得克萨斯州电力向燃气发电转型。风力发电之所以影响如此之大，是因为得克萨斯州的风电高度集中：在风电容量前三名中，得克萨斯州的发电容量比排名后两位的州的总和的三倍还要高。具体排名如图18-2所示。

图 18-2　美国各州风力发电量[①]

| 未来展望 |

　　未来十年里，美国风力发电将会上涨。如图18-3所示，风电量持续增长，而且从2011年到2017年翻了不止一番。但是，即使到了2018年，美国风电总量也仅占发电总量的6.6%[②]，可以说份额很低。而且，即使美国风电预计增长，它所占的比重依然会很低。

---

① 美国能源信息署。——原注

② 美国能源信息署，《电力月报》（2019年2月）。——原注

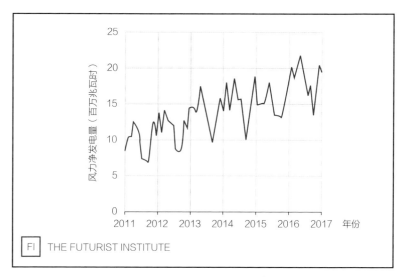

图 18-3　美国风力发电量 [1]

　　我们预测，未来十年里美国的风力发电量会继续增长，欧洲和全球风电量也将继续增长。但总体而言，风电占全球总发电比重仍然会很低。

———————————————

① 美国能源信息署，"年度能源展望2019"，2019年1月24日。——原注

第 **19** 章

太阳能

————

　　和风力发电一样，太阳能发电也在增长——而且不论在美国国内还是国外，成长趋势都在继续。但是，在美国乃至全世界的发电中，起初，太阳能发电所占比例都非常低。

　　客观来看，太阳能仅仅是美国电力结构中微乎其微的一部分。2018年，美国太阳能发电仅占总发电量的2.3%[①]，而煤电和天然气发电则分别以27.4%和35.1%的比例遥遥领先。

　　近些年来，太阳能发电迅速崛起，与核电趋势相反（第24章的主题），太阳能发电发展势头正猛。如图19-1所示，美国的太阳能发电已经步入了上升轨道，并且在过去十年里显著提高。

[①]　美国能源信息署，《电力月报》（2019年2月）。——原注

第 ⑲ 章
太阳能

图 19-1　美国太阳能每月净发电量 [1]

| 未来展望 |

太阳能发电还能在接下来的十年里继续一路高歌，但仍然只能占据美国能源结构中的很小一部分。

但是，再过几十年后，太阳能有望在美国诸多能源中攀升

---

① 美国能源信息署。——原注

155

至高位。此外，未来十年里，太阳能发电领域还将发生另一大变革：会有更多小型太阳能光伏设备接入美国的电网。

放眼全球，太阳能发电同样会在未来十年快速成长。但与美国国内的情况相同，全球范围内太阳能发电绝对电量依然较低，相对份额也难提高。

第 **20** 章

水力发电
与地热发电

———

　　我有意将水力发电与地热发电合二为一讲解，因为他们有一大共同点：利用机会有限，至少就两者目前的能源形态而言的确如此。诚然，有人尝试过开发潮汐能，但目前还处于早期试验部署阶段。

　　然而，随着世界人口增长，筑堤、拦河、围湖已经越来越困难了。这是个难以逾越的、最基本的、现实的障碍。这也解释了为什么近十年来美国的水力发电量几乎没有发生变化，具体数据如图20-1所示。

　　同样道理，寻找新的、合适的地质条件来开发廉价可再生的地热能希望渺茫。正因如此，在可再生生物质能、风能和太阳能发电蒸蒸日上的同时，水电和地热发电很难拥有相同的前景。

　　非常讽刺的是，水能和地热能恰恰是人类最先开发的两类能源，可是就目前来看并未产生太大技术进展，前途举步维艰。

第 20 章
水力发电与地热发电

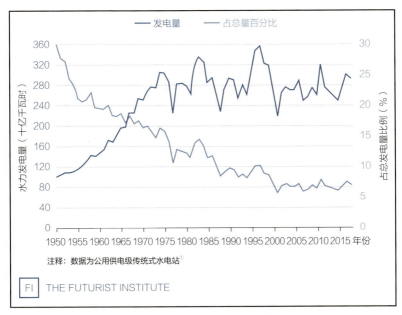

图 20-1　美国水力发电量[2]

　　退一步讲，即使日后有革命性的技术出现，想要产生实质性影响也要经过一段时间，而且很有可能需要等到未来十年以后。

---

① 据美国能源信息署规定，传统式水电站与抽水蓄能电站相对，包括川流式水电站和蓄水式水电站两种；公用供电级发电厂指总发电功率不低于一兆瓦的发电厂。——译者注

② 美国能源信息署，"年度能源展望2019"，2019年1月24日。——原注

　　所以，在可以预见的将来，水电和地热发电在电力来源中的地位将会逐渐下降。当然，尽管水电占美国总发电量的比重日趋下降，但仍然是太阳能发电量的两倍。

　　如图20-1所示，自从1950年以来，水电占比逐年下跌。

　　与水电情况相同，如图20-2所示，美国境内的地热发电主要集中在少数几个山区和太平洋沿岸州内。

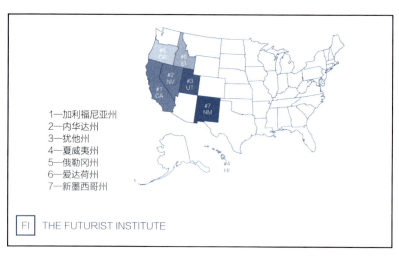

1—加利福尼亚州
2—内华达州
3—犹他州
4—夏威夷州
5—俄勒冈州
6—爱达荷州
7—新墨西哥州

图 20-2　美国各州地热发电量排名（2017 年）[1]

① 美国能源信息署，《电力月报》（2018年2月）。——原注

| 未来展望 |

在水力发电和地热发电这两大领域，如果没有发生重大变革，这两种能源与美国和全世界电力比起来，就依旧只是九牛一毛，而最有价值的可再生能源可能并不是这两种，毕竟阳光照耀、风儿吹过的地方要比有条件拦截河流、吸收地热的区域广阔得多。

————

第 **21** 章

废弃物
能源回收

第 21 章
废弃物能源回收

　　所谓废弃物能源回收，指的是通过燃烧城市产生的固体垃圾发电。事实上，这种能源并不可再生，严格意义上讲也不算是清洁能源。但与地下填埋或海洋倾倒相比，垃圾用于燃烧发电确实能够降低对环境的总体影响。

　　2015年，美国燃烧了共计2.62亿吨固体废弃物。这些垃圾类别多种多样，但纸制品占据的比例最高，约为美国产出垃圾总量的26%[①]；其次是食物残渣，超过15%；再次为庭院植物剪屑和塑料，略高于13%。

　　美国的垃圾发电容量还处于较低水平，而且自从1995年以来就基本没有涨落，如图21-1所示。

　　和其他许多国家相比，美国城市垃圾中应用于燃烧发电的比例较低，其中一部分原因是美国的垃圾发电设施主要集中于

────────

① 美国能源信息署，"生物质能详述"。——原注

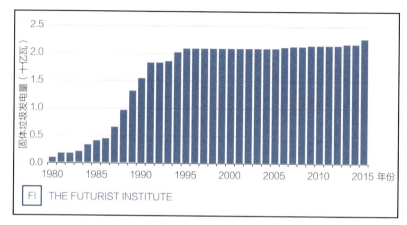

图 21-1　美国固体废弃物发电容量[1]

特定地区。

　　日本有68%的城市垃圾用于燃烧发电、能源回收，德国的这一比例为25%，但美国仅有大约13%的城市垃圾用于燃烧发电[2]。

　　各国城市垃圾燃烧发电比例如图21-2所示。

---

① 美国能源信息署，"废弃物能源回收发电主要集中在佛罗里达州和美国东北地区"，2016年4月8日。——原注

② 美国能源信息署，"生物质能详述"。——原注

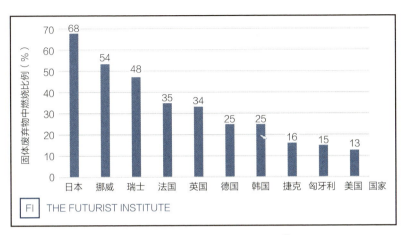

图 21-2　各国固体废弃物燃烧情况 [①]

| 未来展望 |

从全球来看，垃圾燃烧发电量将会增长。尤其随着新兴经济体发展、固体废弃物排放量加大，垃圾发电量更会提高。未来三十年里，全球人口数量增加将会超过20亿，土地因而将变得倍加珍贵——地价也会十分高昂。

---

① 美国能源信息署，"生物质能详述"。本图中日本、韩国和美国的数据为2015年数据，其余国家的数据为2016年数据。
　数据来源：美国以外的数据来自经济合作与发展组织，截至2018年12月；美国的数据来自美国国家环境保护局，2018年7月。——原注

第 22 章

氢能

第 **22** 章
氢能

———

大约十五年前，我参加过一场替代能源大会。会上，氢燃料电池的话题引发了在场部分科学家的热烈讨论。当时面临的最大挑战是，氢燃料电池汽车需要在电极表面镀上一层铂催化剂，用以催化氢气和氧气反应，产生能量。

当时，大家还讨论过能否将汽车发动机组和燃料电池出租，但是大家担心其中的铂金部分过于珍贵，容易被盗贼盯上。

自那以后，我经常戏称氢燃料电池就是一款"高价炫车工艺"，在油价较低时尤为如此。

可想而知，一段时间以来，人们一直致力于解决铂的问题，包括寻找替代金属、降低镀铂用量或配比特定合金以稀释铂的用量。

2018年末，有几份报道称，这项研究在实验上出现了一些可能至关重要的新突破[①]。然而，铂的成本并不是氢燃料电池汽车面临的唯一成本问题。

氢气燃料的成本同样是一道障碍。电动汽车充电的价格比燃油汽车加油的价格低得多，有时甚至是免费的；但和电动汽车不同，氢能源汽车加气的价格则要贵得多。事实上，加利福尼亚州燃料电池合作联盟称，"氢燃料价格从每千克12.85美元到超过16美元不等，但最常见的价格是每千克13.99美元（相当于同等能量的汽油每加仑5.60美元），折合驾驶成本为每英里0.21美元"[②]。为了事先填补这项成本，一些汽车制造商在销售初期或租赁中会囊括三年期的氢气燃料费用，以在一定程度上缓解车主的加气成本压力。

虽然氢气现在价格低廉，但是目前加气设施配套不足。缺乏加气设施将阻碍氢燃料电池汽车的普及。

---

① "研究人员发现氢燃料电池中纯铂催化剂的替代品"，陶仁·戴森，2018年12月26日发表于合众国际社。"科学家将燃料电池中铂的催化效果提升至最高"，杰瑞德·萨格夫，2018年12月13日发表于美国物理学家组织网。——原注

② 加利福尼亚州燃料电池合作联盟，"燃料添加成本"。——原注

| 未来展望 |

氢燃料电池技术未来困难重重。与其他种类能源的发展情况相同，相对于化石能源，价格较高和基础设施配套不足是氢燃料电池面临的两大障碍。随着时间推移，这些困难可能会被解决，但至少在未来十年里，氢燃料电池汽车普及程度将十分有限。与此同时，工业用的氢燃料电池的普及在接下来的十年中同样会发展缓慢，症结也在于成本和配套基础设施问题。

———

第 **23** 章

乙醇

第 ㉓ 章
乙醇

———

最近有一篇文章称，电动汽车崛起导致氢燃料电池汽车"步入死局"[①]。

但是，还有一类替代燃料汽车远未消亡——而且如今撑起了美国替代燃料汽车市场的半边天——那就是乙醇汽车。事实上，2017年，美国有79%的替代燃料汽车为乙醇汽车[②]。虽然替代燃料汽车的未来发展重点并不是乙醇汽车，但这也不会影响它在燃料汽车结构中的重要地位。尽管面临着电动汽车的挤压，乙醇汽车仍将在未来十年乃至更久的一段时间里维持其在汽车领域的重要地位。

从现在起直至2050年，乙醇汽车的市场份额将逐渐让渡给电动汽车。尽管如此，根据美国能源信息署预测，到了

---

① "氢动力汽车步入死局，电动汽车执掌大局"，特拉维斯·霍耶姆，2019年4月23日发表于万里富。——原注

② 美国能源信息署，"年度能源展望2019"，2019年1月24日。——原注

2037年，电动汽车在替代燃料汽车中的份额也仅仅是追平乙醇汽车。根据这份预测，届时两类汽车均占替代燃料汽车市场份额的三分之一左右。①

| 未来展望 |

如图23-1所示，在接下来的十年里，准确地说是直至2037年，乙醇汽车都将是替代燃料汽车的主力。2037年过后，它仍将在市场中保持重要地位。即使到了2050年，也会有1,600万辆乙醇汽车行驶在公路上——约占替代燃料汽车的23%。电动汽车则会反超，预计总量达3,200万辆，在7,300万辆替代燃料汽车中占比43%。然而，届时各类汽车总量将达到29,500万辆，因此这7,300万辆替代燃料汽车也不过占比区区四分之一左右。如此看来，与数量庞大的燃油汽车相比，未来替代燃料汽车仍将是少数。这也意味着，在未来能源中，为了节约汽油用量，乙醇作为一种石油添加组分，其地位将越发重要②。

---

① 美国能源信息署，"年度能源展望2019"，2019年1月24日。——原注
② 美国能源信息署，"年度能源展望2019"，2019年1月24日。——原注

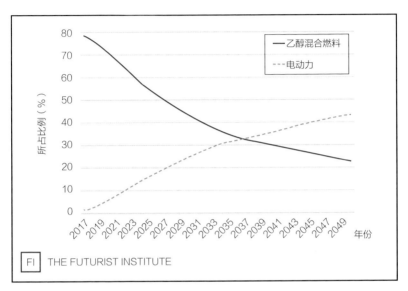

图 23-1　美国替代燃料汽车中乙醇汽车和电动汽车所占比例 [1]

---

[1]　美国能源信息署，"年度能源展望2019"，2019年1月24日。——原注

第 **24** 章

核电

第 24 章
核电

———

对于包括美国在内的许多国家而言，核电都是发电基本负荷中重要组成部分。尽管如此，我们预测未来核电在全球发电中的比例仍然相对较低，虽然核电发电量预计将会提高。

核电占比较低有几大原因。一方面，建设新规划的核设施在资本密集度和开工许可方面存在困难；另一方面，在处理核废料方面存在挑战。

对很多人而言，三英里岛核事故和切尔诺贝利核事故可能过于遥远，但福岛核电站事故就发生在2011年——这场事故唤起大众重新关注核设施的安全隐患。

如图24-1所示，过去几十年间美国核发电量一直保持相对稳定。

但是，由于天然气价格低廉、核电的乏燃料处理问题，未来十年内美国核发电量预计会下降，如图24-1所示。

图 24-1　美国核发电量 [1]

　　乏燃料的具体排放情况如图24-2所示。如果仅仅考虑碳足迹，核电的确十分清洁；但综合考虑环境足迹，除非乏燃料能够得到妥善处理，否则核电对环境的总体影响将会相当巨大。

---

① 美国能源信息署，"美国核电站关闭并未影响2018年发电量突破此前峰值"，2019年3月21日发表。——原注

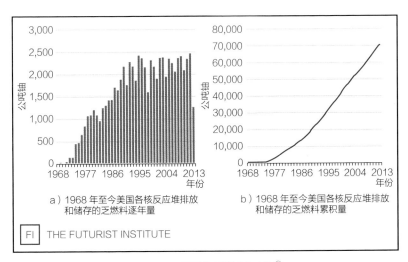

图 24-2 美国的乏燃料公吨数[①]

在世界各国中，美国一直是核电第一大国，其后依次为法国、中国和俄罗斯。美国的核发电量是法国的两倍，并且超过中国的三倍[②]。

---

① 美国能源信息署，"美国能源信息署针对国内乏燃料的最新调查"，2015年12月8日发表。——原注

② 世界核协会，"世界核电今日概况"，2019年2月。——原注

| 未来展望 |

未来十年里，每个使用核电的国家中，核电依然会是发电基本负荷的重要组成部分。以美国为例，2018年核发电量占到了总发电量的19.3%。[1]

此外，我们预计美国之外的一些国家会在接下来的十年间提高核电发电量。中国尤为重视核电，仅在2019年和2020年两年，中国就计划启动建设十一座新核电站[2]。如果乏燃料处理问题能够得到改善甚至完全解决，核电的前景将会倍加光明——虽然新建核电站的资本密集度相当高。

———

[1] 美国能源信息署，《电力月报》（2019年2月）。——原注

[2] 世界核协会，"全世界新核电站建设计划"，2019年4月。——原注

第 7 篇
梳理汇总
PUTTING
EVERYTHING
TOGETHER

结　　论

　　我撰写本书的主要目的是帮助读者思考能源的未来。现在你应该能够明白，有几项动态变化十分关键，它们会改变全球能源格局。其中，全球人口的增长和新兴市场中人均实际GDP的增长是最重要的两项。

　　但是，未来十年间能够影响能源走势的不只有上面这些动态变化。从技术角度考虑，能源公司必须着手改善数据分析、自动化以及其他各种能够节约成本的工具，来提高公司效率，降低成本，否则它们就会被别人甩在后面。在如今这个充满颠覆性的时代，能够永续发展、繁荣昌盛的公司必须是技术公司，这对于能源公司也当然成立。

　　有一个问题经常被商业专家拿出来讨论：究竟会不会有"下一个中国"出现？未来三十年里，不会诞生出"第二个中国"，但却会诞生出20亿新增人口。所以从某种意义上讲，未来会产生"两个中国"。对此，你可以回顾图4-1中关于世界银行对于2050年的人口预测。

　　人口激增会大幅拉动对石油、天然气、煤炭、电力和可再生能源的需求。除此之外，考虑到全球很多国家和地区的财富水平尚处于较低位置，未来还会有"更多个中国"出现——其中有印度，有亚洲其他新兴市场，还有更多新兴市场。伴随着新兴市场财富积累，市场对能源各部门、各种类的需求都会提高。

虽然许多行业正处于虚拟化技术革命的最前线，但能源行业与它们不同：能源是受工业生产驱动的，是受现实世界中重力和距离等物理因素限制的——而不仅仅受虚拟的电脑命令控制。能源技术中的一些革新不仅受万有引力定律约束，受供电实际状况的影响，还会受到电池化学技术的制约，受到烃类燃料能量转化效率的束缚。

我们所处的物质世界本身就无法避免这些瓶颈，而这些固有的困难恰恰是未来十年中，在普及率、效率和清洁能源技术方面，能源变革将会逐渐乏力的根本原因。每一种能源的需求都会增长。在富裕的经济体中，能源结构会转向可再生能源，但是不论电动汽车发展到何种程度，在未来相当长的一段时间里，石油仍然会是能源之王——甚至在接下来的十年里，石油的地位只会越发重要。

| 投资与选择 |

从金融市场和机构投资者的角度看，进行环境、社会与公司治理（Environmental, Social and Governance，ESG）投资、聚焦环境问题、气候变化和清洁能源的投资者们会持续向上述领域投资，以实现他们收到的那些和可持续性、替代能源、清洁能源技术或其他概念相关的投资指令。

但是，除了上面这些环境、社会与公司治理目标，站在全世界的角度考虑，还有一个因素对投资有影响，那就是道德问题。假设在某些新兴经济体，能源价格被抬得过高，那么这些历史上曾经贫穷乃至赤贫的地区就很有可能永无发展之日。

有一句响当当的台词，用在这里特别贴切。在贝尔托·布莱希特创作的戏剧《三分钱歌剧》(*Die Dreigroschenoper*)中，有这样一段话评论道德与温饱的关系。剧中两位主角说，"Erst kommt das Fressen. Dann kommt die Moral"，翻译过来就是"仓廪实而知礼节，衣食足而知荣辱"[1]。

---

[1] 《三分钱歌剧》，贝尔托·布莱希特，1928年。——原注

对于新兴市场，最好的发展路线就是让他们在未来十年里，首先有化石能源可用——而且以煤炭为主——再辅以其他各种形式的能源。

这也就意味着，清洁能源——或者至少说是较为清洁的能源——在未来十年里基本只可能是那些较发达经济体的座上宾。

| 深入了解更多 |

如果你喜爱本书，对能源的未来感到意犹未尽，想深入学习如何在个人的战略规划中融入新兴技术的风险与机遇，那么，我想向你推荐我为未来主义学院打造的未来主义长期分析师（Futurist and Long-Term Analyst，FLTA）培训课程。